日语语言与文化透视

章樊 于蓉◎著

吉林出版集团股份有限公司

图书在版编目（CIP）数据

日语语言与文化透视 / 章樊，于蓉著．— 长春：
吉林出版集团股份有限公司，2021.12

ISBN 978-7-5731-0976-7

Ⅰ．①日… Ⅱ．①章… ②于… Ⅲ．①日语－文化语
言学－研究 Ⅳ．①H36-05

中国版本图书馆 CIP 数据核字（2021）第 247274 号

日语语言与文化透视

著　者	章　樊　于　蓉
责任编辑	滕　林
封面设计	林　吉
开　本	787mm×1092mm　　1/16
字　数	220 千
印　张	9.75
版　次	2021 年 12 月第 1 版
印　次	2021 年 12 月第 1 次印刷
出版发行	吉林出版集团股份有限公司
电　话	总编办：010-63109269
	发行部：010-63109269
印　刷	北京宝莲鸿图科技有限公司

ISBN 978-7-5731-0976-7　　　　　　　定价：98.00 元

前　言

　　中华民族有着五千年的文明，汉语的发音也在不断进行发展。通过查阅不同时期汉语的发音，本研究发现有几个重要的历史阶段，汉语对日语文化的影响也有着不同。例如在日语中，我们有很多的一字双音，这都是与我们春秋战国时间的汉语发音有着惊人的相似，同时也与唐朝的汉语发音有着一定的相似。通过长期的语言进化发展，形成日本独特的语言文化。在学习日文的过程中，教学者可以进一步发掘与其相似的汉语特点，有效提升对日语发音的学习效果。通过大量的梳理，笔者发现日语的发音或者是与汉语有着惊人的相似，或者是由汉语发音转化而来，与汉语有着一定的不同。目前，日语有3种发音形式：第一是吴音。可能是春秋战国时期传入日本的，然而现在的日文吴音也在不断减少。第二是汉音。可能是唐朝时期，由中国传入日本。因为这个时期中日关系相对更加紧密。日本吸收了中国这个时期的大量文化精髓，现在的日文之中有很多汉音结构。第三是唐音。这是宋朝之后进入日语发音结构的。唐音也是现代日语之中重要的发音方式。由上述三类汉语发音与日语关系的比较发现，汉语发音对日语有着重要的影响。

　　从日文的形式来看，主要有两种假名，即：平假名、片假名。平假名与汉字的楷书有着千丝万缕的联系，现在日文之中有很多正规出版物上都是运用这种书写方式。片假名则是一种外来词和象声词的注解。通过日文与汉字的对比发现，现在日文存在大量的汉字书写笔录，从印刷品的书写来看，汉语文字对日文有着极大的意义。在日本小学教育时期，需要对汉字进行一定程度的学习，进一步了解汉字的书写规律，从而才能进一步学习相关的日文书写，这是日本小学生的必修课。目前发现很多日文历史文献都是应用了大量的汉字进行书写。平假名主要是由汉字的草书书写方式演变而来，片假名责任楷书书写方式演变而来。总体来看，汉字中的行、草、楷等书写形式都与日文有着大量的相似之处。现在的日文之中还存在大量的繁简体，书写的难度也是相当较大的，因此他们在小学阶段进一步开设书法等课程，进一步提高孩子们的书写技巧和能力。

　　每一个国家的语言文化都有着自己不同的特征，尤其是表达方式。尤其是习语的理解更为重要，是一个国家语言文化的认识基础。主要的习语有成语、俚语、俗语等。这些语言在汉语中大量存在，在日文中也是十分普遍。这些语言学习发现，有着十分有意思的地方，也是其他国家了解我们的重要途径。有些人在学习日语中发现习语的学习是最难得，其实他们的习语和汉语有着更多的联系。"吃一堑长一智"在汉语和日文之中都有相应的表达方式。因此学习过汉语之后，再学习日文的表达方式就十分简单。汉语中的习语不能只理解其表面上的含义，对其深层的意义也需要进一步学习，这也是日文习语学习的关键。另外还有日文之中还有一些反问句的表达方式也与汉语有着一定的联系。

目　录

第一章　日语语言的基本理论

第一节　文化视角下日语语言文化特点

日语是表达特点非常鲜明的一种语言，深受以和为贵思想影响，全面展现出其精神层次和人文观念。本节将围绕日本文化展开分析，并基于文化视角下归纳总结日本语言文化特征。以期为相关人员提供参考，推动文化交流和发展。

日本是一个喜欢并善于学习和研究不同民族知识和文化的民族，随着历史发展逐渐产生了自己的特有的文化方式。基于文化发展，其语言表达也日渐展现出鲜明的文化特征。伴随中日关系的缓和，推动两国间的文化交流有着重要意义，因此怎样站在文化视角上去理解和掌握其语言文化特征，成为现阶段焦点话题。

一、日本节化剖析

（一）追求"和"文化

在交流时，日本人习惯使用模糊的表达方式，脸上也总是挂着神秘微笑，这恰恰是日本展现"和"精神的一种方式。在实际的生活中，其一直为人们提供一种和谐的沟通环境，最大限度地避免出丑或者尴尬。比如：对"すみません"的运用，就充分展现出了日本人对双方的理解和尊重。此种语言形式展现出的是日本节化里的"和"精神。但其不单单局限在人的范围内，还表现在对大自然的喜爱方面。

（二）重视以心传心形式

在展开思想交流时，日本人往往会双眼凝视对方，洞察其表情、行为和语言的筹措，这样是为了可以通过细节来了解对方在沟通中想表达的内涵，视此过程为以心传心，加强对彼此的了解。其渴望和交流对象拥有相同的文化基础，哪怕没有仔细说明，也能让对方了解自己想要表达的意图，即基于文化的省略表达。

二、日语语言文化特征

（一）鲜明的内外认识性

日本是一个内外认识兼具的民族，此种认识充分展现在语言文化之中。比如：在其语言沟通中极少用到"你""我"这类词汇，这是因为在日本人内心中，这是呆板的象征。在沟通时若使用此种词汇，会降低对话的和谐性，让双方变得生疏。简而言之，在交流时更倾向使用一些内外鲜明的词语来精准的说明"你"，"我"，这同样是这种语言中的词汇大部分都是礼貌体的原因。针对这一方面而言，和汉语文化表达特点有着明显差异，汉语语言注重的是表达的随意性，未出现过类似的专门性词语和表达形式。此种差别是中日文化观念不同造成的，受不同政治、文化、经济、地域环境所影响。

（二）模糊性和暧昧性

日本语言的明显特点即具有暧昧性，这种特性展现在日本人在语言沟通过程中比较严谨与委婉，包括表达的模糊性，是这特点的另一种表现。比如：在表达时总是带有闪烁其词的色彩，日常的语言沟通中也会使用一种比较含蓄的语言表达形式，选用一些不确定性的词语进行表述，让意图呈现模糊性，这便导致对方难以精准地揣摩出其传达的真实想法。比如：在不同语境和环境中相同的词汇有着不同的含义，这便对信息听取人提出了较高要求，需要我们能按照实际场合的具体需要鉴别信息传递者想要表达出哪种信息，精准地了解其寓意。另外，日本人在表述地点和时间时，也习惯使用模糊性较强烈的词汇，或者挑选含义不同的表达方式，这种语言表达方式和其展现出的语言文化充分表明此民族人民喜欢在沟通进程中为自己留出一定的空间和余地。之所以经常把概数词放在时间和数字之后，是鉴于日语语言表达具有模糊性。

（三）强烈的礼节性

在使用日本语表达时，利用率最高的"すみません"是此国家文化里一种以人为主体的礼节体现，有着非常广泛的用途[①]。无论在哪种状况下，都能用其解决矛盾，同时能让对方熄灭心中愤怒之火，这种语言表达能有效缩短彼此间的距离。不仅如此，日本人在语言沟通过程中经常会有附和与点头等行为和动作。这些行为虽然乍一看不够明显，在沟通中却能发挥润滑剂的作用。这一习惯并不代表日本人行为作风两面三刀，而是利用这种形式传递给对方某些信息，这恰恰是一种尊重和礼貌的体现。与此同时，在交流过程中，日本人经常考虑到对方的颜面问题，基于此，其把沟通和交往的和谐状态置于首位。针对婉拒的表达，日本人一般会表明是由于自身的原因导致了不能满足对方的期望。例如：婉拒时，利用率最高的词汇"ちょっと"，应用其可以在避免伤害对方的状况下，体现出婉拒

---

① 陈访泽. 日语句法研究 [M]. 上海：上海外语教育出版社，2003.

特点。另外，还能规避自身的一些难言之隐。

近年来，伴随文化交流愈来愈密切，日语语言文化在发展进程中渐渐出现了全新的发展方向和特点。比如：语言开始呈现吸收性和交际性。从古至今，其语言文化就在发展历程中展现出鲜明的交际性，经过吸收我国和西方各个国家的语言，出现大量外来语词汇，并且把这些语言或者词汇变成自己的特有本土文化，进而成为本国语言的一部分，推动了日语的不断发展和进化。

综上所述，日本节化和日语语言文化的发展息息相关，只有先了解前者，才能准确理解后者的含义。尤其在中日文化交流越来越频繁的背景下，相关人员更要加强此方面的研究，确保语言应用的有效性和合理性，为深入理解日本语言结构奠定良好基础。

第二节　日语语言教学中的文化融合

在世界上众多的语言当中，日语是富含情感与美感的言语之一。作为一种表音文字，认识对应的假名就能把握读音。但是日语又是由汉字和一些特殊的字符组成，在学习上体现了一定难度。作为该语言学习的施教者，必须了解这些语言借助的文化力量，在日语教学中，重视文化的导入，有效施展文化融合的语言教学作用，体现现代教学中的文化深度。

汉字由中国传入日本，日本在使用的过程中逐步对其进行再造，并赋予了新的意义。上述引用句中，"している"这类文字叫作"平假名"，取中国草书而被创造使用。而"ガラケー"这些似偏旁部首的叫作"片假名"。

日语"杂"的特点在外来语的表现上更加明显。基本上现代日语已经把汉语归为其固有组成，所以外来语是指来源于欧美国家语言的词汇，主要是英语，也有法语、德语等。作为日语文字的一部分，日本人没有照搬照抄这些外国语，而是根据发音用片假名来书写，并赋予了浓浓的日本风味。比如"hard"读成"ha do"，"banana"读成"ba na na"。

日语语言的形成经历几次变革，看似有点"拿来主义"却最终变成了独特的"日本语"。由最初的本土特色，到融汇了汉文化，接纳了欧美新潮文化，使得语言更富有文化多样性，最后成就了多种语言融合后的独有性。

一、日语语言韵味"足"文化沁入"深"

日语的发音主要是 5 个元音，以及元音和辅音组成的 9 组音，再加一个鼻音共 50 个音，就是我们熟知的五十音图。发音与汉字字形及片假名相结合形成我们可以学习交流的日语语言。

日语的词汇数量非常之多，其表达细腻，且韵味十足，常带有浓厚的自然画面感。从日本人的审美来看，认为最美的词汇莫过于描绘大自然的词。这与日本人崇尚自然感恩自然的精神大有渊源，由词汇发展到文学著作，不少日本名家在撰写的文章中无不体现出对自然的敬意之心。如川端康成的《花未眠》《雪国》等，都带有借景抒情的意味。从国民文化中感知日语的语言，注重文化渗透词汇，学生在学习时能多了解类似的文化特性，那么对语言词汇文法的认识掌握就能达到更易更深的期待效果。

文化对语言的渗透是"润物细无声"的过程，在学习日语的过程中若不了解日本人的风俗习惯、民族爱好是很难理解词汇间的细微差别和情感变化的。作为教学的一种方式，讲授语言词汇的时候应愈加注重文化部分的导入。引入相关文化背景内容，在学生摄取词汇含义的同时了解其中文化，相互影响从而进一步推进语言感知。

二、日语教学中的文化推"广"

语言的掌握，是语言本身知识的取得，也是一种文化意识的养成，一种异文化价值观念的接纳融合。

以日语教育的立场来看，从80年代开始，大学教育课程中已经开设了"日本国概况""日本节化"等与文化有关的课程，新《高等学校日语专业教学大纲》对学生的文化素养也提出了更明确、更详细的要求：学生要熟悉外国的地理、历史、发展现状、传统文化、风俗习惯等。由此可见日语教学中的文化推广已经开始。

日常日语教学授课中，学生在练习句型模拟场景时通常以读音标准为主，而忽略了语言交流时的行为交流，如手势、身姿、表情态度等。例如：使用基本寒暄用语"おはようございます"时，根据不同对象身份，采取不同的敬礼鞠躬方式。与人相遇，颔首微笑，将上半身微微倾斜15度左右。与身份地位高于自己的人或者是从事服务业待客的人，鞠躬30度左右。一般学生在这些表达上欠缺了语言学习的文化性，没有很好地将教学与文化融合，虽然是使用日语交流但并不和谐妥帖。所以教师在详细地讲解语法知识点时，更重要的是使学生能在不同的场合下正确运用语言，并具备相应的文化素养，以达到语言教学中的文化得体。

三、日语教学中的文化"深"入

日语的语言形成是由多种文化集成，在语言表现上有多文化的无声浸润滋养。加之现代教育体系中对异文化的推广，促使我们通过以下的几种途径将文化深入到日语教学中。

作为日语教师，不仅要善教词汇语法结构，理解教材知识点的同时也要对其文化背景、文化素养等深入研究。授课中，注意自己的语言素养，关注到中日的语言差异，有针对性地体现出中日语言修养。交际语中的用词、态度等都影响着学生对文化的理解。所以外语中的"言传身教"言在于日语语音、语调、语速、用词，而身就在于表情、手势、场景姿态等。

通过现代信息教学。如今网络、书籍、杂志、影视娱乐中的语言文化知识非常丰富，学生能很快地获取到新发展出来的词汇。作为教师鼓励学生多接触日本社会的最新动态，利用日新月异的传媒信息手段，更新语言，了解熟悉教材中未能涉及的部分，这也是对语言学习保持新鲜保持趣味的方式之一。

使用原版化的语言教学。如今各大院校积极地将日籍教师引进到师资队伍中，营造更地道的学习环境更直观地展现日式文化形态①。且日籍教师一般选用原版教材，以贴近日本日常现状的知识点呈现，对学生来说接受快，有潜移默化的作用。立体呈现理论学究转入实践发挥，易检测学生语言使用的精准性。

日语语言是多种文化的交融体现，从其形成到展现在世人面前，无不透露出浓郁的文化气息。但成功的中日语言交流除了有充足的词汇量准确扎实的语法外，还应掌握隐含在语言中的文化知识文化素养。因而在日语的语言教学中，非常重要的是教师对知识点与文化融合的把握导入，自身所处文化与异文化融合的理解转授，使学生在课堂的学习中更全面地理解语言特性，使用的规范性，以重视语言学习中文化的重要角色，具备与之相适应的文化涵养，实现真正无障碍的跨文化交际。

第三节　日语语言文学中的家园意识

由于我国与日本同处于亚洲，且相隔较近，使日本节化与我国的历史文化存在一定的相似性。近年来，我国语言学学者加深了对日本语言文学的研究力度，尤其是对于日本语言文学中家园意识的研究较为深入。鉴于此，本节着重分析了日本节学的主要特征，并对日语文化中家园意识的体现进行了分析，以期为我国更好地研究日本节化提供帮助。

古代日本的文化大多数都是借鉴我国的历史文化，我国多数的历史文化甚至成了日本历史文化的精髓，并保留至今。例如，远近闻名的日本和服的制作工艺是仿制我国古代的汉服；日本古代的音乐及建筑都存在着我国唐朝时期的影子。日本语言文学的发展与革新在一定程度上都受到了我国古代语言文学的影响。因此，探究日语语言文学中的家园意识成了当下较为热门的话题，而如何对其进行分析成了日语语言文学学者们应当分析探讨的问题。

一、日本家园意识形态的具体概述

我国的国外语言研究学者在对日本语言文化和书籍进行一定的了解后得出，日本语言文学中的家园意识是十分明显的，这种家园意识在日本电影及文学作品中体现得淋漓尽致。日本的各大民族被统称为大和民族，日本物产资源丰富，并且具有极为闻名的温泉景点，上述具体的地理特征为日本家园意识形态的形成奠定了基础。与此同时，对于日本近些年

① 陈志侠.日语句子成分的分析及汉译（上）[J].日语知识，2004（05）.

来的文学作品来讲，文学作品里的细节都会渗透着当地的人文素养及生活习惯[①]。对于搏击方面，日本的具体搏击运动便是借鉴中国的格斗技术，并采用拳头来将敌人击败。对于饮食方面，由于受到日本地形的限制，日本人的主要食材是以生鱼片、生虾等冰鲜食物为主，并且配以米饭，将米饭与香醋搅拌在一起，卷上紫菜，成为日本人餐桌上常出现的事物。日本学者及作家在进行创作时，经常将本土的地理概况、生活方式、饮食文化等表达日本特色生活文化的细节融入文章里，使文章的结构更为饱满，内容更为细腻，使中外读者都能更好地了解到日本人的生活状态及饮食方式，并对日本家园意识形态起到更为深刻的理解。

二、日语文学中的文化特征

（一）具有明显的语言特征

我国部分语言研究学者在对日本语言文化进行了解后发现，日本的历史文化及家园意识都深受我国的历史文化影响，日本某些流传至今的传统文化的细节仍能体现出我国古代优秀传统文化中的细节。但是，随着日本新世纪的到来，日本传统文学方面的文化已经逐渐受到西方发达国家文化的冲击和感染，这些新的文化元素为日本语言文学的今后发展具有一定程度的影响。对于日本语言文化中的语言特征来讲，由于日本的书写部分传承了我国古代书法的精髓，但日语的发音与中文的发音有着较大的区别，对于日本流传的抒情诗来讲，自日本公元八世纪以来，就具有三十一个音节的短抒情诗歌随之诞生，后来经过九个世纪的文化演变，日本的抒情诗歌由原来的三十一个音节缩小至十七个音节。由上述的日本抒情诗歌的演变可以得知，日本的语言文化并不是推陈出新，而是经过多个时代的更替及对外新文化的引入而逐渐适应发展形成的。

（二）具有突出的社会特征

日语文化中所体现出较强的社会特征是并不是近些年来日本节学中所产生的，而是在更早的时期便已经产生。日语文化中较强的社会性特征同样在今后日本节化演变中发挥了重要的作用。与此同时，在近些年来日本著名的文学作品中，都或多或少地存在着某一阶段内日本的实际经济及文化的具体发展情况、绝大多数日本人所面临的问题及人们对未来国家的发展的愿景。由于受日本地形的影响，日本绝大多数文学作品中都会涉及关于社会及时代变迁之类的话题。例如，对于早期的日本节学作品来说，其文学作品都会或多或少地描写关于城市化的现象，或是根据城市化这一背景来进行文字创作，其主要原因是当时那个年代日本的文化发展中心是京都，这就说明为什么大量的文化作品都以京都为背景进行创作。但在后来的江户时期，日本贵族身份发生了转变，日本武士阶层逐渐向贵族层面发展，那么在当时的日本节学作品中便会将重点及历史背景转移到日本贵族武士的方向上

---

① 王传礼.日语句子成分的划分与翻译 [J].山东农业大学学报（社会科学版），2001（01）.

来。由于日本的语言文学发展具有明显的社会特性，使得日本节学的核心会受到时代的变迁及地理环境改变的影响，从而改变日本节学创造的背景和重心。

（三）具有浓厚的家庭意识

日本语言文学作品的重心及背景会随着地理、时代的更替而发生改变。但是，唯一一个没有发生明显改变并流传至今的便是日本节学中的家园意识。在传统的日本观念里，亲情在一个家庭中是最为重要的，是每一个家庭成员最为重要的归属感所在，家人之间亲情的表现及具有浓厚的家园意识也是促进日本经济与社会发展进步的重要条件。与此同时，在日本早期的文学作品中，便会把日本的家园意识描写得淋漓尽致，尤其是关于部分思乡及久别故土的文学作品中，其作者更是突出了对于日本家园意识的描写。后来在战争时期，日本节学作品中的家乡意识更是达到了一个顶峰，大多数的文学作品都在更多地描写战争的频发及人们渴望回到家乡的心理，家园意识的体现更为明显。人们对于家乡的思想及渴望回归家庭的心理也被描写得十分迫切，家园意识已经成为从古至今日本语言文学作品中最为常见的话题，并成为更能代表日本历史文化中的关键部分。

三、日语文学中家园意识的具体体现

（一）家园意识象征着和平

由于日本的家园意识主要象征着安定与和平，多数作者在对此进行描写的过程中，不仅将日本的家园意识作为家庭生活平静安稳的象征，还代表人们生活及内心的平静、安逸。换句话说，近些年来日本经常处于波动的发展阶段，其主要体现在日本的经济发展、文化的交流与碰撞及时代的变迁等，基于此，日本节学中的家园意识便体现得更为明显。由于日本局势及经济的波动，带给大多数日本家庭极深的影响，甚至部分家庭会失去往日的安宁，于是越来越多的人渴求安稳，对家园和平的渴望也逐渐强烈。日本打破了以往闭关锁国的模式后，社会发展面临了较大的革新，思想文化的冲突也逐渐凸显出来，以往带给人们安逸平稳的耕种生活受到时代变迁的影响，逐渐破碎。在二十世纪初期，由于日本国家逐渐对其他国家挑起战争，不仅对别国造成了极大的损失，对于日本国内也造成了不可挽回的灾难。在这段时间中，日本人的家园意识已经达到了顶峰。与此同时，在后来第二次世界大战结束之后的日本节学作品中，所描写的家庭意识不再是积极乐观、平静，而是极具悲观主义色彩。第二次世界大战为日本的经济及社会发展都产生了重大的阻碍，甚至导致很多家庭面临着亲人生死相离的巨大痛苦，在这一时间段，日本女性作家逐渐多了起来，其用女人最为敏感的心理及细腻的写作手法，对二战时期带有悲剧色彩的家园意识进行了着重描写。

（二）家园意识也是"缩小意识"

在近些年日本的语言文学发展中，缩小意识对其同样发挥了重要作用。由于受日本环境及时代的影响，很多日本本土作家都愿意将比较大的事件及思想在经过自己细腻地刻画之后，逐渐将其缩小，并在家庭中进行体现，这就是为什么日本的家园意识被称为缩小意识。日本家庭生活是当时年代及格局的缩影，作家喜欢用一叶知秋的写作方法来对日本当下发生的事情及社会变迁进行描写。除此之外，大多数日本国民都对自己的生活品质注入了更多地关注，不论是对食物的选取，还是对于生活方式，都能很好地体现出日本国民的完美主义。因此，家园意识不仅代表着日本国民对于家庭安静平和的向往，更是对于未来美好生活的期许。

家园意识作为日本语言文学中最为关键的文化意识，其增强了日本语言文学在世界文学中的影响力。近年来，日语已经逐渐成为我国部分高校学生的必修科目，越来越多的学生开始接触日语、了解日语，并对日本特有的文化产生了一定的兴趣，因此，加强对日本语言文化的探究力度，不仅可以帮助学习者加深对日本书籍及语言文学的理解，更能增强我国探究日语语言文化的能力，从而更好地完善我国对世界各国语言学文化体系的认知[1]。

第四节　日语语言文学中的中国文化

日本语言与我国语言有着极其深厚的历史渊源，这不仅是受到历史文化背景的影响，也与两个国家的地域分布、文化传播等存在直接的联系。因此，在对中日两国语言文化进行探究的过程中，可以选取日本语言文学中的中国文化作为切入点，针对其中涉及内容进行解析，形成对中日文化关系的全新认识。对日语语言文学中中国文化进行探究，在解析日语语言文学特点的前提下，对日语语言文学中涉及内容进行系统论述，力求能为民族文化的国际化发展提供有价值的参考。

日本语言文化与中国语言文化存在极大的关联，这些关联从文化习惯、民族风俗以及人文素养等角度得到体现。因此在对中国民族文化进行研究的过程中，可以从日语语言文学入手，对其中涉及的中国文化进行适当解析，确保能形成对中日文化关系更加全面系统的认识，促进我国民族文化更好传承，助力中日文化交流取得更为显著的成果，为我国文化的国际化传播提供理论参照。

日语语言文学的发展受到中国文化和西方国家文化的双重影响，在长时间的发展过程中形成了特色文化体系，彰显出全新的文化魅力。在研究实践中为了能应对日语语言文学中的中国文化进行解析，要先对日语语言文学的特点进行明确，确保能对中国文化在日语

---

① 盛祖信. 日语句子中的几个特殊成分 [J]. 日语知识，1997（04）.

语言文学中的发展其形成全新的认识。细化解读日语语言文学的特点，发现集中从三个方面得到体现：其一，社会化特征相对较为明显，在日语语言文学创作方面，往往会结合社会背景进行创新，将社会变迁和历史文化的发展融入文学创作中，体现文化的时代性特点。而日本国家的发展受到中国的影响相对较为明显，因此在文学作品中对日本社会变迁的表述，实质上也能体现出中国文化的特色。其二，语言标记特征较为明显。从日语语言文学的发展历程看，中国文化是日本文化的起源，因此日语语言文学创作的部分语言和词汇，体现出对中国文化的借鉴和应用。其三，能彰显浓郁的家庭文化理念，在日语语言文学中往往会以家庭为中心展开论述，歌颂家园为主题的文学创作相对较多，彰显出渴望回归家园的情感，这也能体现出中国文化在日语语言文学中的渗透。

一、日语语言文学中的中国文化内容

中国文化对日语语言文学产生的影响相对较为显著，在中日两国的文化交流中，中国文化对日语语言文学的影响从不同的角度得到体现，极大丰富了日语语言文学的内容，使其能展现出国际化发展特色。结合日语语言文学内容对中国文化的体现进行具体分析，发现日语语言文学中的中国文化能从不同的角度得到体现，需要选取合适的切入点进行探究[①]。

（一）日语语言文学中的中国谚语

谚语是中国文化体系中较为重要的组成部分，在民间文学中流传相对较为广泛，在现代社会仍然发挥着极其重要的作用。对日语语言文学进行长期系统研究后，发现在部分日语语言文学作品中，日语术语往往会对中国谚语进行借鉴和应用，使日语语言文学作品带有一定的中国文化特色。如在部分文学作品中可以看到对"青菜に塩"日本俗语的应用，具体表示青菜在盐的作用下会失去水分逐渐打蔫，这实质上是对中国俗语内容"无精打采"的另一种转述。同时，在日本俗语"馬の耳に念仏"中，也带有中国汉字"马、耳、念"等，对这一个字进行猜想，能联想出"冲着马耳朵念佛"的意思，这其实是对中国俗语中"对牛弹琴"的另一种表达。此外，中国谚语在日语语言文学中的应用也从日语中对句子的重新组合角度得到体现，如在日语俗语中"一葉落ちて天下の秋を知る"，实际上是对中国汉字中"一叶落、天下、秋、知"进行提取和重新排列组合后形成的，主要是对"一叶落知天下秋"中国谚语的重新表述。从上述案例中能看出中国文化在日语语言文学中得到较多的体现，中国文化与日语语言文学之间存在一衣带水的关系，日语语言中能实现对中国文化特征的进一步彰显。

（二）日语语言文学中的中国诗词

中国诗词文化历史悠久、博大精深，在长时间的发展过程中对诸多国家的文学发展产

---

① 金连一. 日语句子中有主语吗？ [J]. 牡丹江医学院学报，1987（02）.

生了重要影响。在日语语言文学中，对中国诗词文化进行了应用，能看出中国文化在日本的传播以及对日语语言文学产生的重要影响。如在日语语言文学中对中国文化的吸收和翻译方面，就保留了中国诗词文化特色，以《登幽州台歌》（陈子昂）的日本翻译为例进行分析，在"幽州の台に登る歌——前に古人を見ず／後に来者を見ず／天地の悠悠たるを念ひ／独り愴然として涕下る"几句中，日语语言文学基本保留了中国诗词的原貌，并使用日语语言进行适当的修饰，实质上并未改变中国诗词文化的特殊文化内涵。由此能看出，在日语语言文学的发展过程中，吸收借鉴中国传统诗词文化，并对中国诗词文化中经典的部分加以保留，将中日两国文学文化深刻的关系充分反映出来，对中国文化在现代社会的良好传承和传播具有极其重要的借鉴意义。

二、日语语言文学中的中国文化解析

对日语语言文学中的中国文化进行研究，要想形成对中国文化传播的深刻认识，要对具体的文化内容进行系统的解析，逐步形成对日语语言文学中中国文化发展和传承情况的全新认识，为更好地研究日语语言文学与中国文化的关系奠定基础。

（一）中国文化表现

中国文化历史积淀相对较为深厚，在长时间的发展过程中对日语语言文学产生了全方位、多层次的影响，从大众的语言习惯、文学创作等角度都能得到充分的体现。对日语语言文学进行深层次解析，能看出在日语语言文学的形成过程中，我国文化以系统性的理念融入文学文化体系中，使日语语言文学呈现出独特的形象视觉形式。通过对日语语言文学涉及的中国文化内容实施全方位的分析和解读，可以看出任何时期日语语言文学关于中国文化的论述实际上都注重彰显中国文化平和、安宁的形象和立场，是中国文化在日本节化体系中作为一种生活状态、理想追求的直接体现。近代日本遭受西方的侵袭，对日语语言文学文化的发展产生了重要的影响，在日本被迫实施全方位改革的情况下，对中国文化的向往和追求达到制高点，在一定程度上使现代日语语言文学文化体系中表现出对中国文化的积极借鉴思维，能看出中国文化对日语语言文学发展产生的巨大促进作用。

（二）中国文化缩小现象

从中国文化的整体范畴看，其具有内涵较为丰富的特点，并且中国文化的内容多种多样，在不同的领域具有相对广泛的分布。但是在日语语言文学体系中，对中国文化的描述和诠释，存在片面性、无法全方位解析的情况，研究视角也不够全面，导致中国文化在日语语言文学中的呈现体现出缩小化的特点。简单地说就是日语语言文学中对中国文化的描述并非具有宏观性的特征，而是一种从微观视角对文化的片面化解读，文化缩小的问题相对较为明显。因此在对日语语言文学中国文化进行研究和解析的过程中，要对中国文化的缩小化表达进行系统解析，结合日语语言文学的特点对中国文化在日本的传播形成全新的认识，为更加深入探究中国文化的国际化传播和发展奠定基础。

（三）中国文化创造

日语语言文学中的文化内容与中国文化具有一定的相似性，文化内容相对较为复杂，在日语语言文学吸收和借鉴中国文化的过程中，融合日本民族对文化的偏好以及发展日语语言文学的现实需求，对中国文化进行了适当的创新，从表现手法、论述结构等不同的角度对中国文化进行诠释，为文化的多元化交流和发展提供了相应的原动力。简单地说就是在日语语言文学发展过程中，不仅对中国文化进行吸收和借鉴，还在学习中国特色文化的前提下，融入日本环境特色构筑相应的文化环境，在创新发展中国文化的前提下，构建了特色的文化发展体系，能为日本国家文化的发展和传承提供相应的支撑。所以在对日语语言文学中中国文化进行解析的过程中，要正确认识中国文化创造的重要性，从对中国文化进行创新的角度进行全新解读，为中国文化在现代社会的传播和发展提供有价值的参考。

（四）中国文化传承

日语与我国文化存在诸多相似点，日语语言文学中对中国文化的应用和论述，往往能体现出文化传承特色，是在对中国文化进行继承的基础上结合本国文化特色对中国文化的体现。在当前多元文化背景下，中日国家的人们借助互联网载体对中国文化进行适当的解析，在全方位解读文化背景和文化内涵的前提下，能形成对中国文化发展的全新认识。中国文化对日语语言文学的影响具有悠久的历史，甚至可以说中国文化在日本的传播和发展是推动日语语言文学蓬勃发展的原动力之一，因此要从文化传承的角度了解中国文化在日语语言文学体系中的合理化应用，构建特色文化理念，为日语语言文学的学习和探索提供重要的铺垫。

总而言之，从日语语言文学角度针对中国文化的应用和体现进行解析，能形成对中日文化关系的全新认识，对我国文化的国际化传播产生重要的影响，也能助力我国文化体系在现代社会的发展取得更为显著的成果。新时期要科学系统地解读中日文化之间的关系，更加全面系统地了解中国文化的国际化发展历程，辅助我国文化在现代社会的良好传承和传播[①]。

第五节　日语语言环境创设

美国语言学家克拉申在"语言习得理论"中提出：外语教学模式即"监察模式"，该模式强调语言环境是决定外语学习成效的重要因素。对于学习者而言：一般在母语的环境下进行，受母语的影响比较大；同时学习者也缺少相关的文化背景知识。因此，良好的语

---

① 山田忠雄等 . 新明解国語辞典（第五版）[Z]. 東京：三省堂，2005.

言环境对于提高学生的学习效率有着举足轻重的作用。下面我结合自己的教学实践就如何创造语言环境略作分析。

一、语言环境的分类

语言环境有两种：一种是自然环境，学习者通过与语言接触而自然而然地习得。另一种是课堂环境，学习者在正规的课堂里有组织地进行语言学习。前一种学习是潜意识的，潜移默化的学习，而后一种却是有意识的学习。

二、自然环境创设

要想达到好的教学效果，首先就要重视自然环境的创设。在教学实践中，我常采用以下方法，以达到良好的教学效果。

（一）日语黑板报

利用教室的黑板报、墙贴（日语版）既突出日语班级的特色，又锻炼学生的日语写作能力（板报的内容中有 70% 来自学生自己的写作作品），同时还营造了丰富的语言环境，可谓一箭三雕。

（二）日语嘴巴

自身环境，要求平日里，学生之间称呼日语名字，用日语打招呼、交流，用日语写日记、信件，还要不定期地举行日语阅读交流会、发表会、歌唱比赛、日语卡通模仿赛等。这样学生参与的积极性都很高，效果非常不错。

（三）日语耳朵

让学生把身边的日常用品贴上日语标签，并且经常更新，且要听日语广播，欣赏日语原声电影等，这样每天看到的、听到的、感受到的都是日语。尽可能地多方位地创造语言环境，让学生在潜移默化中培养日语思维，激发学习兴趣，以便达到较好的学习效果。

三、课堂环境创设

行为主义心理学认为学习的强度是由制造及强化对刺激的反应次数所衡量的。认知主义心理学认为语言学习最根本的条件是语言的接触。学生的主阵地是课堂，大部分时间都是在课堂上学习日语。课堂上老师通过各种讲解、领读、对话；展示图片、视频、介绍语境、习俗等教学方法创设环境，促进学生的学习。由于日语的学习必须通过大量地接触、练习才能获得成功，这就需要老师创设良好的课堂学习环境。老师一定要充分激励学生学习的兴趣，让学生在课堂上积极、主动地学习日语。我自工作以来一直注重课堂环境创设，努力培养学生的日语学习兴趣，具体在以下几方面进行了实践。

（一）良好的教学气氛

活跃的教学气氛既有师生互动频繁，又有学生大脑思维的活跃。学生在课堂上积极、大胆、主动地学习，长期活跃的教学气氛是在师生自然、真实、平等地教学交往中逐渐产生的。良好的教学气氛给学习提供了保障，学生在大量练习的实践后获取的成就感进一步刺激学习的动力，如此良性循环，学习兴趣自然越来越浓。

（二）巧用课前 3 分钟

教学中我重视课前三分钟，这是学生快速有效进入课堂状态的关键。实践表明，效果确实不错。

例如，课前给学生欣赏日本经典歌曲，或一段 3 ~ 5 分钟的原声经典电影片段，让学生在美妙的音乐中，快速地进入日语课堂状态。但是，在选取音乐、电影的时候要下功夫。一是题材要适当，二是难度要适合当前学生的水平，三是要与课堂知识相关。尤其是第三条，非常重要。否则课堂导入的效果就会大打折扣。比如讲解动词可能态时，我选玉城千春的经典之作《長い間》，设计意图：学生比较熟悉这个旋律，有了这个铺垫，再讲动词的可能态就轻松容易多了。

在课堂上为了练习刚学的知识，也常会做一些日语文字小游戏，以强化知识运用，让学生在轻松愉快地游戏中习得知识。

在课前介绍一些最新的日本动漫、科学、旅游、音乐等方面的最新消息，既满足学生多方涉猎的视野需求，又培养学生浓厚的学习兴趣。

（三）注重快乐情境的创设

日语语言环境创设还要重视快乐情境的使用，尽可能地快乐教学、快乐学习。引导学生不把学日语看作是一件苦差事，而是一个不断学到新知识、新技能，天天有新发现、天天有新进步、天天有新乐趣的过程[①]。

1. 对比乐趣

通过日、汉两种语言的对比，从学习的第一天起，不断发现许多"怪事"：我们叫作"信"的东西，他们写成"手纸"，读成"てがみ"，非常搞笑；我们叫作"女儿"的称呼，他们说是"娘"，读成"むすめ"，辈分简直是乱了套，学生都笑翻了。两种语言有千差万别，但也有很多相同之处：许多没学过日语的人能看懂很多文字，因为写的都是繁体汉字。语言是民族文化的载体，在学习语言的过程中，可以了解到许多不同的文化知识。总之，只要我们充满好奇心，就会天天有新发现。通过两种语言的对比，我们可以体验到许多乐趣。

---

① 陈岩. 语法指导与实践 [M]. 大连：大连理工大学出版社，2010.

2. 使用乐趣

在学习日语之前，我们只能用汉语交流；学习日语之后，就可以尝试用日语交流。如 "ありがどうございます"，"はい"，"ごめん"，"おやすみなさい" 等，从学习的第一天，就会说日语，随着学习的进展，会说的日语句子越来越多，直到把日语当成自己的第二语言，这个过程自然充满求知的乐趣。随着学习的深入，水平的不断提高，家长高兴，同学羡慕，学习者会产生一种成就感，从而增强自信心，激发学习动力。

3. 欣赏乐趣

当我们能够阅读一些简易的日文读物时，就要开始大量阅读，从而使异国风光及日本民族人民几百年来积淀的风俗、文化观念和巧妙的语言运用一幕幕展现在我们面前。喜欢唱歌的人，可以学唱一些日文歌曲，喜欢看电影的人，可以欣赏到原汁原味的地道语言。其中乐趣，要是不直接掌握日语，单靠别人翻译、介绍是无论如何也体会不到的。

总之，在日语教学中，教师既要注重对自然环境、课堂环境的创设，又要注重让学生在快乐的情境中感受到语言的魅力，从而提高学生的学习兴趣，最终达到良好的教学效果。

第六节　日语语言教学中文化导入

日语语言教学应当重视跨文化现象，强调在异文化交流的背景下开展日语语言教学活动，这样才能在日语教学中体现语言与文化的密切关系，构建完善的日语教学体系，促进学生加强对日语文化形成深入了解，帮助学生进一步从宏观和微观两个层面深刻有效地学习日语知识。

一、日语教学文化导入的价值

（一）培养学生基本功

日语语音与语法学习是日语语言学习的重难点，在大量日语词汇学习往往伴随着枯燥、机械、重复训练的问题。这使得学生对日语词汇知识等掌握不扎实。在日语教学中采用文化导入的方式，有助于赋予日语词汇以文化情感特征，可以帮助学生深入的理解词汇的意识，这对于学生深刻的认识词汇的用法，提高对词汇的感性理解水平，帮助学生深刻的记忆词汇有重要的价值，基于日语文化导入有助于学生更生动的理解词汇、语法、练习句型等，全面提高了日语教学的生动性与科学性。

（二）提高学生交际能力

日语文化教学有助于提高学生交际能力，促进学生更深刻的在日语学习中了解日语的文化、历史、经济、社会等情况，这对于深入的感知日语文化现象，实现日语知识的有效导入有重要的价值，提高了日语教学的效率。

（三）深入理解日语信息

日语语言教学中融入文化现象，有助于学生更生动的接受和感知日语信息，这对于实现语言学习与语言交际能力有重要价值，日语教学有较强的关联性，学生的语言能力与交际能力是不同的，日语文化与日语教学结合，可以促进学生在相关情境下找到实践日语技能的灵活与方式①。

二、日语教学文化导入的内容

（一）知识导入

日语知识导入主要指的是在跨文化交际的背景下对各种日语词汇、语法、语用知识的导入，它凸显的是语言技法层面的导入，突出显示了日语的语法规范特色，中日语言的语法差异，以及一些语言表达方式方面的差异。例如，"桌子很高"在日语中的表达习惯就是"很桌子高"（テーブルが高い）。知识导入在很大程度上反映为语言编码方式的差异，这与中日两国的思维方式有关，不同的行为方式也会导致语言交际的障碍与困惑，需要教师在教授语言表达技巧同时，能够让学生在文化背景中深刻地感受中日语言的文化差异，达到深入理解中日语言表达差异目标。例如，汉语的习惯表达方式是主语＋谓语＋宾语，而日语的习惯表达方式是主语＋宾语＋谓语，"我踢球"的日语表达方式是"我球踢"（私がサッカーをする），这也体现出中日文化方面的差异。学生在学习日语词汇、语法、语音时，可以借助各种视频资源，注重基于各种影像资料了解具体词汇的深刻内涵，并且基于日语的语言现象了解日本民族的文化习惯，从而达到提高日语学习有效性目标。

（二）交际导入

交际导入主要指的是在中日不同文化背景下，人们对一些语言规则、词汇联想意义、文化背景知识方面的差异。在特定的语言交际背景下不同的词汇是有不同深刻含义的。部分学生只是学会了某些词汇的语法意义，但是不具备日语的语言表达习惯，因此导致某些词汇在使用过程中并未能符合交际的情感与特定环境的需要，导致因文化差异造成了交际的误解。例如，"鬼"这个词的中日含义是有一定的差距的。鬼在汉语里有贬义的色彩，像酒鬼、烟鬼、冒失鬼等。而在日语中的鬼是没有贬义的，有时还有一定的褒义色彩。"鬼武者"在日语中具有猛将的意思。中日之间存在的文化差异是造成中日语言交际差异的重要原因，只有在日常日语学习中重视文化方面的差异，才能提高日语学习有效性，达到深刻的体会和应用日语，提高日语教学整体有效性目标。如果学生对日本的经济、文化、政治了解不足，会给理解日语交际内容带来一定的阻碍，不利于学生吸收日本节化知识。只

---

① 林璋.汉日语言对比研究论丛[M].北京：北京大学出版社，2013.

有导入各种日本知识文化，才能提高交际有效性，促进学生更深入了解日本节化现象。

三、日语教学文化导入的方法

（一）比较法

比较法是中日语言学习中了解日本语言文化的重要教学手段，对比法可以了解日本的语言现象，有助于通过词汇比较挖掘词汇的深刻内涵，并且了解中日文化的相似点与差异性。中日文化的差异因素是造成交际沟通障碍的重要因素，只有通过语言现象了解背后的文化差异特征，才能提高学生的日语学习兴趣，帮助学生更扎实地记忆日语的语用现象。采用比较法学习日语文化，应当将日语与母语的差异因素进行深入的研究，例如，引导学生记忆日本有中国没有的，中国有日本却没有的，以及中日两国都有但有一定差异的，还可以在比较时采用道具比较、说明比较、事例比较的方法，并且借助各种辅助图片和图表进行比较。教师还可以把中、日、英等文化比较，促进学生突破比较学习的局限性，达到深入的体会日语语言文化，扎实的记忆文化知识目标。

（二）解说法

解说法也可以称为注解法，解说法是教师结合所讲授的内容进行相关背景知识、风俗习惯、文化传统的介绍。背景介绍是对独特的语言现象与文化特质的分析说明。当日语语言文化教学导入向深层开展时，应当对某种文化现象进行深入地解释，这样有助于学生了解特定的语言文化现象的流变特征，更深入的理解日语文化的独特内涵。教师可以从词日语汇的发展演变历史，解说词汇的本来意义，以及进行派生意思的分析入手。教师还可以通过介绍有关文章的段落，促进学生在具体的语境中理解日语词汇的具体含义。教师可以促进学生对词汇的主观内容进行文化预测，基于已知的词汇来推断未知词汇，达到词汇教学的目标。

（三）模拟法

日语语言文化导入教学需要实践作为重要的教学载体，在日语语言文学化学习时应当采用直接体验的方式，注重通过体验实践的方式达到学习日语语言文化的目标。教师应当给学生创造良好的日语语言交流的环境，注重在直观性、陈述性、交际性的环境中达到体会应用日语词汇的目标。例如，教师可以通过各种情境布置、故事氛围设置的方式，以及角色带入的方式设置聊天话题，在此基础上引导学生体会某些日语词汇的用法。教师还可以通过设置一系列围绕日本动画片的角色配音活动，情景剧表演活动，达到对日语文化知识进行有效实践运用的目标。

（四）实践拓展

语言教学的最终目标在于使用语言，教师应当在特定的项目任务下促进学生真实实践。

教师可以结合学生的专业，学生未来从事日语交际的特定背景设置具体任务，具体可以在企业涉外活动、就餐、派对等活动中设置交际场景，并且把有丰富文化内涵的词汇融入交际场景当中，或者在校园设置日本企业的工作氛围，从而在真实的环境中培养学生的跨文化交际能力。跨文化交际还要使用因地制宜的教学方式，注重合理的设置任务导入的时间、地点、方式等，从而提高任务教学的实用性，更好的基于教材实现教学的内外拓展，提高学生参与实践教学的机会，达到促进学生摸索经验，提高学生日语导入有效性的目标。

四、日语教学文化导入的策略

（一）教师指导策略

教师指导学生学习日语的方式在很大程度上决定学生学习日语的科学性与有效性。教师不仅仅要在课堂上传授日语理论知识，而且还要优化日语教学背景，教师应当掌握丰富的教学思想，能够差异性的传递日语文化知识，围绕于语言、政治、经济、宗教等文化现象促进学生理解日语知识。首先，应当把课堂教学内容与日语书刊、流行语和各种外来语结合起来，基于日语文化的变迁，促进学生在课堂上体会日语内容。其次，日语教学应当具有异文化意识，教师应当对日语文化有客观的认知，应当树立文化相对论的观点，促进学生以文化平等的理论来认知日语文化，这样才可以促进学生以正确的心态认识日语文化。第三，教师还要有丰富的文化知识，能够在日语课堂教学中生动呈现日语文化，教师应当对课堂涉及日语文化现象提前进行深入的研究，做到言简意赅的传递日语文化，并且采用抑扬顿挫、幽默风趣的方式传递日语文化，达到绘声绘色传递日语文化，留下深刻教学印象的目标。

（二）丰富实践活动项目

提高日语语言教学有效性，还要丰富日语教学活动项目，消除以语言教学为中心的教学弊端，注重创新日语教学活动方式，在多元化的日语实践活动中提高日语教学有效性[①]。首先，可以在日语精读、选读写作等课程开展日语文化教学，注重消除语言教学的弊端，注重在非语言的文化现象中传播日语文化知识。例如，可以组织开展专题日语文化讲座的活动，定期举办日语文化宣传展示活动。还可以围绕日语文化风情、日本经济、日本地理等开展一系列的主题性的日语教学活动。其次，可以基于大学生的专业需要开展商务日语、日本文化史等相关课程，从而扩大学生的日语学习视野，满足学生广泛的汲取日语文化的需要。第三，进行中日文化对比教学，在比较观察活动中实现中日文化差异与语言现象的分析活动，着力培养学生的跨文化思维与主动交际意识，达到提高日语跨文化教学丰富性、实践性和有效性目标。

---

① 吴薇，泉田真里. 那些无法忘记的日剧 [M]. 大连：大连理工大学出版社，2009.

（三）提高学生学习意识

跨文化交际的日语教学应当提高学生的学习意识，丰富日语教学活动项目，能够在各种媒体条件支撑下提高日语跨文化教学的丰富性与创新性。首先，应当提高课堂教学的趣味性，注重基于多媒体技术设置具体的课堂教学跨文化情境，引导学生在课堂直观地感受日语文化氛围。其次，注重促进学生研读日语文学作品，基于日语文学开展一系列丰富的赏析活动，还可以通过情景剧表演，主题辩论的方式讨论文本中的人物、故事情节、主题观点等，达到深入的了解日语文化底蕴的目标。第三，还要采用微课与慕课的方式进行日语文化渗透和熏陶，通过各种日语文化现象的阐释，学生自主互动讨论，以及日籍教师的日语授课，达到促进学生接受文化熏陶，提高日语教学科学性的目标。

日语语言教学中的文化导入应当设置良好的日语背景，促进学生深刻地感知日语文本现象，基于学生的兴趣需要使用丰富的文化导入教学方法，注重构建完善的文化教学体系，达到促进学生有效深刻的感知日语文化现象，在中日语言对比中对日语文化现象进行深刻细致的了解。

第七节　日语语言文学中的物哀之美

"物哀"是日本传统的审美追求之一，属于一种美学范畴，在日本文化历史上有这源远流长的历史，"物哀"是传统文学理念，它会因此"物哀"层层渗透在日本语言文学中。而"物哀"观念形成的原因在于日本自身的地理条件和民族观念，与此同时，它也反映着浓厚的宗教色彩。在日本的民族审美心理中美好的事物转瞬即逝会让所有人感受悲伤，在日本的语言文学作品，尤其是古典文学中"物哀"成为整体的审美基调。本节会先讲述"物哀"的内涵后再讲解日语语言文学中的"物哀"之美。

"物哀"是贯穿在日本传统的文学、美学和诗学的理论中一个中心思想。所谓"物哀"是为表达人类对生命悲凉的思索，对事物即逝的感叹、对生活无常的无奈。它是日本语言文学中浓墨重彩的一笔，值得仔细研读与体会。

一、"物哀"概念与文化内涵

"物哀"这一理念是由谁提出的，尚未定论，但它是日本语言文学历史上最为古老的思想因素，目前，研究日语语言文学的研究者会将"物哀"转化成"情感"或是"情趣"等词语，但"物哀"思想较为广泛，所以对它的定义不尽相同，各执一词。日本史书《古语拾遗》中对"哀"进行解释，"哀"是一种感叹词，能够用这个词语表达任何情感。在日本古代文学作品里，他的语言作用类似于古汉语中"啊"或者"呜呼"，能够在文中表达文人兴奋、激动、悲伤、愤怒等情绪。盛唐时期中文流传到日本，日本节人将中国古汉语中的"哀"字运用到日文中，但其文字含义并不能很贴切的使用在日语语言文学中，因此"物哀"在其基本的悲伤、伤感的层面上，还包含了多种情感因素，例如同情、怜悯、委婉、沧桑等。

"物哀"有着广泛情感内涵，我国著名日本语言文学探究者叶渭渠表达过，在日本节化种的"物哀"从狭义的角度讲，是悲哀美，此种情绪对于他人、自然、世间万物皆有悲伤的情感，但从广义上研究"物哀"一词会发现它对于不同层次的事物会体现出高于悲哀情感的共鸣，"物哀"逐渐从原本悲哀一层层消解、升华最终实现超越。深入探究后会发现"物哀"是日人文人在表达自己内心的真情实感。文人会有比常人更加敏感和柔软的心去感受世界，文人接触外界时，他自己的思想、情感甚至行动都会追随世间万物，心随舞动，自然情感才能最真挚地流露出来，亦是喜悦、亦是悲伤、亦是痛苦，有时感慨万千，有时缠绵悱恻，有时峰回路转，能够表达出这点的日本人才是真正对"物哀"一词有顿悟的，正如中国文学笔下的"性情中人"类似了。

最初国人在看到日本语言文学作品时将"物哀"简单的理解成与古汉语文学中相似的悲伤、悲哀之意，这种推测是受到了日本节学作品中大量出现无端自杀的现象所产生的片面影响。多位研究学者在探讨时发现事实并不如此，例如在《源氏物语》一书中，主人公遇到美妙的额事情发生也会发出"哀"的叹息，看到绮丽的自然景观也会心有所感的发出：多么美丽的花啊、多么宁静的湖面、多么醉人的日落呀；当遇到棘手的问题时也会发出苦恼的感叹，亦有对一件开心的事情发出额外的感叹，总而言之，"物哀"在日本语言文学中是被用于文人有感而发的情感语气助词。人，无谓是对他人还是对物，都会产生一种内心触动，心感外物，亦是"物哀"意义的诞生。然而没有对于"物哀"一词有深刻理解的人则是没有悟性的人，与世间万物没有产生关联，感无所触，情无所发，不是真性情之人，也不是豪迈潇洒之人。

"物哀"之美在文学作品中除了展现其"真性情"的一面，还有三个显著特征。其一是日本节人的主观情感的展露，常用于通过客观事物为基础抒发文人的内心向读者表露的一种主观情感，望与众人产生共鸣；其二是"物哀"所产生的情感共鸣不仅可以展现的真实的事物当中，也能够引申为他人或是他物的情感，"物哀"是一种具有生命意义的情感形式；其三是"物哀"从人——自然——世间万物，是一种表达内心深处的真情实感，在文学中将自己的内心情感去掌控现实中的世界，是在通过一种看向未来的眼光看世界发展趋势，该值得高兴的就高兴，该值得悲哀的就悲哀，不局限于任何一种单一情感，是真正的动之以情，由心出发的多种复杂的情感。

二、"物哀"的形成因素

"物哀"的形成离不开日本独有的自然地理环境因素。日本是世界上唯一一个能够在狭窄的地域中拥有雪山、温泉、海滩、樱花等景象的，时而繁花似锦、葱葱草木，时而山涧溪水，庭院幽深。这样的美好的景象随之会消失，日本处于板块活跃地带，自然灾害随时可能袭来，地震、海啸、火山喷发、雪灾等，长久以来，日本民族早已习惯美好事物会稍纵即逝，顷刻间化为乌有，这样的生活使他们由衷地相信美好事物是不稳定的，如日本国花——樱花一样，绚丽的绽放后必定迎来凋谢，这种情绪也寄托着日本民族的悲剧意识。

三、"物哀"文化与中国文化之间的关系

实际上，在东方古代文学史上，中国和日本的交往是十分密集的，中文的流入对日本的影响很大，中国的魏晋玄学是对日本"物哀"文学产生至关重要的思想影响。魏晋玄学起源于中国古代曹魏年间，鼎盛时期是晋代，是一种以老子思想认为的世间万物皆无，因为对人格本体进行追寻才探索到世间万物的特定哲学思潮。而玄虚则是直接用人格本体统摄宇宙本体[①]。众所周知，中国古代魏晋时期的文化交流以及地理位置的原因，魏晋玄学对于日本的"物哀"文学思想产生了不可磨灭的印迹，从国家治理制度层面讲，中国和日本都采取的是封建社会制度，日本也深受道家思想的影响，而道家文艺观是先持有静观之心，再是道家的复归思想与文艺思想精神较为接近，最终是在人生的享乐的态度上有明显的共鸣，《源氏物语》一书中，展现出日本民族的享乐主义，文中主张自然随性，对于爱情或是性爱的描写总是十分唯美、质朴，表达出日本民众对于人性和生命意识的尊重。

日本节学研究者对《源氏物语》中的物哀思想进行探讨后指出，它展现的是一种无穷无尽的空虚缥缈，悲哀与孤寂，书中能够看出佛教思想中的厌世和生命无常，而当时日本接受的是神道宣扬的是现世思想，但经过时间洗礼后日本神道现世思想接受了中国佛教思想，根据文化取其有用的原则，日本神道没有宣扬清规戒律并逐渐形成具有自己特色的日本佛教文化，面对生活要保持真诚乐观的心态面对生活，"物哀"思想至此不仅仅是值得是情感上的悲哀，还衍生出积极乐观向上的生活态度。

日本古典文学艺术是拥有美好哀伤的魂魄，"人生不如意的哀感"是从《源氏物语》开始将"物哀"思想引入文学作品中，正式拉开日本语言文学上的"物哀"时代，自此以后，淡淡的忧伤成为日本节学作品中的主基调。久而久之，"物哀"成为日本一种全民性质的民族意识，日本节人将其一棒一棒地触底下来，不光影响到日本节学的创作和审美，也对本土人的感情世界产生影响，甚至成为民族心理基因的一部分。现实生活中也出现"物哀"现象派生出种种或不可理喻或极度壮烈的行为，例如芥川龙之介、太宰治、三岛由纪夫在文学创作事业最顶峰的时候选择自杀；在棋赛中为了所谓的"美的棋形"宁肯放弃比赛的输赢；在许多地方都摆放着"伊豆的舞女"雕像，现实生活中的雕像原型终生不敢现身，害怕自己老去的荣阳会破坏民众心目中的美好形象。这些行为虽有些许极端但无不反映出日本民众的物哀情节。

---

① 颜晓东，董博. 日语情景口语 [M]. 上海：世界图书出版公司，2009.

不难发现，文学作品能够展示出一种文化发展到最具有生命力的历史阶段才焕发出的奇妙光彩，是能够将文化和社会最真实地反映出来的形式之一。在日本节学作品中追求的是以悲为美的物哀思想，是一种纤细而悠远的情感，是一种淡若止水的清雅，通过语言文字让人感受到悲凉凄婉的哀伤和烟花落寞的绝唱。"物哀"是一种超越理性的纯粹精神性的情感，在领悟层面上只可意会难以言传，因为它并不是能够凭借理智、理性来进行判断的，是需要直觉和内心去挖掘感悟的，即世间万物需要用心感悟它们的美，珍惜它们的美。

第八节　商务日语语言三要素语用偏误

语言的语用偏误最多分布在词汇上。词汇的运用往往受到语境和文化影响，因此，加强对词汇的文化意义和不同语境下语用规范的学习显得尤其重要。此外，还应加强专业术语、外来语、缩略词等知识的储备。从事跨文化商务交际的工作者首先必须具备一定的语言能力。为提高语言组织和运用能力，确保跨文化商务交际的顺利进行，该文从语音、词汇、语法三个角度对语言语用偏误现象展开系统论述。

从事跨文化商务交际的工作者首先必须具备一定的语言能力。语言能力主要取决于语音控制和辨识能力、词汇运用能力和语法组织能力。错误地传递或接收语言信息是由于交际者对彼此语言的词汇掌握不够丰富、语义了解不够全面、语音辨识及语言组织能力缺失造成的。该文从语言的三要素入手，对语言的使用偏误现象展开系统论述。

跨文化商务交际语用偏误是指不同文化背景的利益主体在商务交际中，双方因未能准确传递或接收语言或非语言信息而引起误会，导致双方不能达到预期的交际效果。语言三要素是指语音、词汇和语法。语言三要素的语用偏误是指交际双方在音声的发声和辨识、词汇的使用以及语法组织方面违反了语用规范，选择不当的语言形式而造成语用偏误。

一、语用偏误的分布

在跨文化商务交际中，语言知识的缺失和语用认知差异会导致双方无法准确解析对方的信息，语用偏误也随之产生[①]。本人借助多个相关课题的横向项目合作机会，通过实地走访和问卷调查等方式，收集和整理了 1277 例语用偏误例，经科学分类总结发现：语音偏误主要分布在音调和语调。相对而言，词汇使用偏误是最多的。主要分布在专业术语、不对应词汇、省略语、多义词、近义词、概念意义相同而文化意义不同的词汇当中。语法使用偏误主要分布在两个方面：其一，词语使用规则偏误：常见偏误从高至低排序，首先是助词和助动词的词尾变化表现（体的助动词中主要是持续体「ている、てある」和完成体「てしまう」的偏误／态的助动词中主要是被动态、被使动态和自然发生态的偏误／语

---

① 金田一春彦.日语概说 [M].北京大学出版社，2002.12.

气的助动词中主要是推测意志助动词、样态助动词、比喻助动词、推断助动词和传闻助动词的偏误），紧跟其后是自动词和他动词；其次是形式名词「＋の」和「＋こと」的误用，再是接续词。其二，句子结构偏误。

二、发生偏误的特征及其原因

（一）语音偏误

语言是音译的结合，是人类语言的第一个属性，也是语义的载体。它通过语音、语速和音量等手段来增强语言感染力，突出语义。如果说话者发音不正确，听话者就难以把握其真实意图，无法实现预期的交际效果。

1. 音调

日语和汉语都属于高低音调的语言系统。日语以短音节（一个短音节为一拍）为基础，通过音节之间的相对高低来判断音调。而汉语的高低音出现在同一个音节中，每一个音节的音调高低都有变化，通过一个简单的音节无法表意。日语高低音位置的变化代表了不同语义，如"花／鼻""橋／端""居る／要る"等。如果中国洽谈者不能区分单词的高低音，就很难做到与日方洽谈者相互理解。

2. 语调

语调是指语音的轻重缓急、抑扬顿挫。语调可以用来传递多元化信息和话语含义，也可以表达态度、意图和情绪。

（1）重读。布龙菲尔德（Leonard Bloomfield）把重读定义为"一个发音音节比其他音节响亮的行为"。重读是每句话中必不可少的组成部分，也是说话者凸显意图的重要手段。洽谈者应该谨记：重读部分是句子的重点，它直接表明了说话者的意图。例如：「御社でお買い上げいただく件で①伺いました②」。重读①强调我这次拜访贵公司的原因。重读②强调我是为了贵公司能购买我公司产品而专门前来拜访的。它们之间的区别在于信息的焦点不同。

（2）升降调。日语的语调不是静态现象，它可以传递不同的信息，如：目的、态度和情感。听话者可以通过感知语调的变化来解读说话者的意图或情绪。在协商中，洽谈者应注意对方语调的变化，有意识地培养理解和使用语调的习惯，以规避语调不当引起的语用偏误。例如：「甲：今度交渉がやっと纏まりました。乙：そうですか。↗／↘」。同一个句子中语调不同，含义也不同。句尾读升调，表示乙质疑甲所说的话，或感到失望。句尾读降调，表示乙已经了解甲传达的信息，可以译作"是这样呀"。

（二）词汇使用偏误

词汇是语言中最活跃的因素，是沟通和理解的焦点。成功的跨文化商务交际，首先要掌握大量日文词汇，尤其是专业术语、外来语及缩略词。其次，要彻底理解这些词汇的字面意义和不同语境下的具体意义。词汇使用偏误主要由交际者以母语的习惯编码目的语造成。主要表现在六方面。

1. 词汇空缺和不完全对应

受本民族文化影响和制约，词汇形成了特有的词源意义，使得不同民族在词语的宏观对应关系中，一种语言的词汇可能无法在另一种语言中找到完全等同的对应，甚至根本不存在。这类词阻碍了跨文化商务洽谈中的相互了解。例如：長「科，私の説明がわかりますか」（科长，你明白我的说明了吗？）。「わかります」对应的汉语是明白、理解。但它跟汉语意义有所不同的是它强调"能力"，因此对顾客、上级、长辈等不宜使用，否则有失礼之嫌。跟「わかります」一样，在汉语和日语中有很多相同的词汇但使用方法或使用对象却不完全对应的词汇，如「教える」（教，用于自上而下的"教"）；「やる」（做，可用于对小孩、动物等做某事，或表达自己的行为，也有蔑视之意）。

2. 一词多义现象

（1）日语中一个词语可能同时有几种含义，特别是可以表达两种完全相反的词义，所以必须结合语境具体分析①。例如：「クレーム（索赔，申诉）」。诸如：《商务日语大全》、《实用国际商务日语》中都译作"索赔"，但它通常还表示"申诉"。又如：結構「です」的一层意思是表示"可以"的肯定意义；另一层意思是表示"拒绝"的否定意义。只有结合语境才能准确把握对方词汇的含义，及时处理好相关问题，保证贸易顺畅进行。

（2）在商务洽谈中，洽谈者需要特别注意从常用派生词转化而来的半专业词汇。下面按照词汇（一般意义 / 商业领域的隐含意义）的形式来例举一些常见词汇。引き合う（互相拉、合算 / 询盘）；コミッション（贿赂、委员会 / 手续费、佣金）；オファー（提供、提案 / 报价）；上場（上演 / 上市）；ビット（存储单元比特、钻头刀片等 / 递盘）；手形（手印 / 票据）；納入（缴纳 / 交货）；建て（楼房的层数 / 用某种货币支付）等。

3. 专业术语使用偏误

贸易往来中涉及订货、付款、合同、保险、催促、索赔、道歉、辩解和协商等诸多环节，都会大量使用商务专业术语。而熟练掌握和使用专业术语是汉语为母语的商务交际者面临的一个难题，原因主要有三方面。

（1）为了使商务洽谈更显庄重，要求词汇的使用准确而正式，因此会使用到大量的专业术语。例如：分損（部分损失）、前受金（预收款）、一手販売（包销）等。

（2）专业术语中包含大量外来语，如：アクターサービス（产品保修品）、インボイス（发票）、コスト（成本）等。为了提高贸易效率，还出现了许多英语缩略词，如：A.A.R（全损担保）、DP（付款交单）、ED（出口申报单）、M/O（汇款单）、B/L（提货单）、PO（订单）等。频繁使用却复杂难记的外来语大大提高了语用偏误出现的概率。

（3）进出口贸易涉及的单据较多，而单据称呼却不统一，使商务工作者思维混乱。例如：

① 顾明耀. 标准日语语法 [M]. 高等教育出版社，1997.12.

"インボイス（发票）"。既会被称为"送り状"（《国际商务实用函电》2003：112/ 网络沪江小 D 日语词典），也会被称为"小切手"（《国际商务实用函电》）。

4. 词汇的省略

日语表达中经常会省略词汇，而通过语境、句型结构、敬语形式或内容上的理解来获取语言信息。例如：「どうも」。本身的意义为"实在"，习惯上常省略后面内容，表示感谢时，省略「ありがとう」；表示很久不见时，省略「ご無沙汰しました」；表示告辞时，省略「失礼しました」，所以必须根据语境作不同的翻译。又如：「クレームがまだまとまっておりませんので、新規注文ができません。」（因索赔问题尚未解决，难以受理新订货）（《经贸日语》2000：207）。这句话省略了主语，"新旧注文ができません"的意思是"不能下达新订单"，下订单人必然是买方，但译者却把卖方当作主语，因此误译为"难以受理新订单"。

5. 近义词的混淆

（1）和汉语一样，日语也有大量的近义词。与其他词汇相比，以名词、动词和副词的近义词居多。以名词为例有「あと」和「のち」、「うち」和「間」、「見本」和「手本」、「鍵」和「コツ」等。以动词为例有「申し込む」和「申請」、「取る」和「遂げる」、「定まる」和「決まる」、「思う」和「考える」等。以副词为例有「きっと」和「かならず」、「とても」和「すごく」等。

（2）日汉同形近义词的存在也是让汉语母语话者感到困惑的一个问题。它们虽然词形一致，语义也接近，但在词性、使用范围等方面都存在差异，很容易引起语用偏误。如：汉语的"贵重"用于修饰昂贵的物品，而日语的「貴重」既可以修饰有形的昂贵物品，也可以修饰无形的事物，如：「貴重な時間」。

6. 不同的文化含义

中日有很多相同概念的词语，但在不同的文化背景之下却具备了不同的文化含义，这是造成词汇使用偏误的主要原因。例如："九"，在中国是个神圣的数字，因此上古设九州，夏禹铸九鼎，秦汉设九卿，魏晋制九品，天子为九五至尊。而在日本"九"被认为是诅咒力很强的数字，与"苦"谐音，代表不吉利。为了避免因文化意义不同而引起语用偏误，造成贸易摩擦，"九"则为禁忌语。

（三）语法组织偏误

语法语用偏误是指以本民族语言的遣词造句的规则系统对目的语进行编码，造成听者对语言含义的理解产生混乱。词语的使用规则、句子的结构差异是造成语法语用偏误的主要原因。

1. 词语的使用规则

（1）日语中的形容词在意义上大体与汉语相当，其词尾的变化能直接改变词性，而汉语则需要增加新的词汇来完成。例如：早い（形容词，早早的）→早く（副词，早早地）／高い（形容词，高的）→高さ（名词，高度）。

（2）汉语介词跟日语助词在语义和语法上很相近，但又并非完全相同。首先，从语义类型来看，日语助词语义类型更多。例如：「この品物は安くても千円からします。」（这个商品再便宜至少也要一千元）／「A社から選ばれた商品」（被A公司选中的商品）。日语助词「から」和汉语介词"从"。两者都具备时间和空间的起点、依据、来源、行为动作主体的语义。但日语助词「から」还表示数量的最低限度和被动的施动者，汉语介词"从"却没有这些语义；其次，从语法功能来看，汉语介词不能作谓语动词和谓语中心语，介词短语也不能作谓语。而日语助词可以接在名词后面，构成补语。该短语还可以与其它助词连用成为主语、谓语、定语。例如：「住友商社からのご注文をいただきました」（我接到来自住友商社的订货）。

（3）汉语中的助动词，单独使用，表示可能、必要和意愿。因此，又叫能愿动词。常用词汇有：表可能（会、可以、能够等）；表必要（要、应该、应当等）；表意愿（要、肯、愿意等）。还可以用作谓语或谓语中心，例如："这样做必要吗？""非常必要"。而日语的助动词是附属词，不能单独使用，它要接在体言、用言或助词「の」之后，增加某种语义，而且大部分助动词词尾有词形变化。例如：「ぜひ販売を当社にやらせていただけないか」（无论如何请让我公司来负责销售吧）／「冰のような冷たさ」（像冰一样冷的态度）。可见，日语中助动词表示的语义关系在汉语中需要相应的词语来搭配表达。

2. 句子的结构差异

（1）汉日语语序上的最大差异是：日语永远遵循核心部分居后原则。①谓语位于句末。「今回の契約について、もう少しお時間をいただけないか」（关于这次的签约，能否在给我方一点时间）。②修饰语处于被修饰语之前。「しばらく考え込む」（短暂思考）③从句位于主句之前。「何かご要望や不行き届きの点などございました

ら、どうぞご遠慮なくおっしゃってくだ

さい」（如果有什么要求或者觉得我方有什么做得不够的地方，请别客气指出来）。

（2）汉语是孤立语，只要通过具有完整意义的词汇的排序、搭配以及具有语法意义或功能意义的虚词就能体现句子中词语的关联以及句子的含义，句子结构简单直接[①]。而日语是黏着语，它不同于汉语，主要通过助词以及词尾变化来体现，句子结构很复杂。如果汉语母语话者不理清日语的句子成分和结构，就很容易多译或漏译。

语言的语用偏误最多分布在词汇上。词汇的运用往往受到语境和文化影响，因此，加强对词汇的文化意义和不同语境下语用规范的学习显得尤其重要。此外，还应加强专业术语、外来语、缩略词等知识的储备。

---

① 翟东娜．潘均．日语概论．高等教育出版社，2008.

第二章　日语语言的语音研究

第一节　日语语音习得的迁移分析

　　三语习得中的语言迁移问题是语言习得研究的一个新的研究领域。三语习得是个比较复杂的过程，第一语言和第二语言都可能对其产生影响。本节以语言迁移理论为指导，探讨了母语（汉语）和第二语言（英语）的迁移对第三语言（日语）语音习得的影响，以指导日语教学，提高教学质量。

　　近年来，随着日语教育的迅猛发展，日语学习者的人数不断壮大。在高校，日语专业逐渐转向零起点（高考英语考生）招生。当中的以汉语为母语，英语为第二语言的学习者开始学习第三种语言日语的发音时，自然会受到汉英双语的影响或称迁移。所以，日语基础教学遇到了一个崭新的课题——如何面向三语习得者讲授日语语音。本节以三语习得中的迁移理论为基础，分析学习者在日语语音习得过程中受到的语言迁移现象，帮助学习者减少负迁移，促进有利于学习的正迁移。

一、三语习得中的语言迁移研究

　　三语习得中的语言迁移是近十几年来语言学家研究的热点。第三语言习得（The third language acquisition，简称"三语习得"）是 20 世纪 80 年代初随着二语习得研究的深入，尤其是迁移理论的发展而兴起的一个新的研究领域，主要研究三语习得的社会和心理因素，语用产出和语用意识等。三语习得是个比较复杂的过程，第一语言和第二语言都可能对其产生影响[①]。如果旧知识对新知识的学习起帮助、促进作用，它就是正迁移；反之，如果旧知识、经验妨碍了新知识的获得，它就是负迁移。

　　国内三语习得的研究相对起步较晚，随着部分高校双外语专业的设置，很多国内学者开始关注三语习得研究，一些学者从语音、词汇和语法等方面探索了三语习得中，第一语言及第二语言对第三语言习得的影响。笔者在 CNKI 中国期刊全文数据库以"三语习得"为关键词进行检索，共获得相关论文 70 篇（截至 2013 年 7 月），可见国内三语习得研究也逐渐兴起。

---

① 新版中日交流标准日本语 [M]. 人民教育出版社，2005.

二、语言迁移与日语语音习得

《高等院校日语专业基础阶段教学大纲》中明确指出，一个日语句子的语音结构可理解为：每个音 × 发音法＋声调 × 声调法＋句子重音基本型 × 句子重音法＋语调，缺少其中哪一部分都不能算是完整的日语句子。因此，本节拟立足于现有的教学基础，以三语习得中的迁移理论为指导，从日语的基础发音、声调、句子的重音、语调等四个方面出发，分析母语（汉语）和第二语言（英语）的迁移对第三语言（日语）语音习得的影响，进一步完善现有日语语音课程教学体系，以期指导日语教学，提高教学质量。

（一）基础发音

在大部分语言中，元音都占有举足轻重的地位。在日语中，元音共有 5 个，其他假名的发音基本是由这五个元音与辅音相拼而成的。一般认为日语元音的发音会受到汉语负迁移的影响。如教科书中对日语元音通常有这样的描述：「あ」比发汉语"啊"略小；「い」的发音比发汉语的"衣"时双唇略松，口角咧开较小；「う」的发音双唇不要像发汉语"乌"那样向前突。而对于三语习得者来说，最好的办法是引入舌位图，并将三语的舌位图合并，从而建立三语中元音在发音区别上的图式知识；而从图式中可以看到，汉语元音的舌位框架要稍大于英语的元音框架，日语元音舌位框架又小于英语的元音框架。在实际教学中，笔者认为运用此方法有益于学生了解舌位的概念，进而区分汉英日三语元音在舌位与唇形上的细微差别。

在辅音的教学上，通过三语的迁移分析也能更好地使学生掌握几种语言的特征。如：汉语辅音的主要区别特征是送气与不送气的对立，而日语辅音的主要区别特征是声带振动与否，即清浊之分，学生往往很难对其予以区分。但是另一方面，英语的辅音很多也是清浊对立的，如 [p][b][t][d]。因而，在注意汉语负迁移的同时，可以运用英语中的辅音清浊概念引导正迁移。

（二）声调

汉语声调对日语声调的迁移主要来自以下几个方面。首先，日语的声调的音高变化虽然在同一个单词内发生，但是不在同一个音节内发生音高变化；而汉语则在一个音节内发生音高的曲折变化，中国人日语初学者非常容易犯的错误就是将汉语的声调变化运用到日语中去，即将汉语声调可以在同音节中高低起伏的习惯扩大到日语单词中去。在实际的教学实践中，笔者还发现这一现象不仅表现在对单词基本型的把握上，当单词发生活用变形及单词后续助词时，汉语的负迁移影响表现得更为明显。这既违反了日语单词的声调一旦下降便不再上升的规则，也违反了实词接虚词后的声调要么持平，要么下降这一规律。

其次，日语的相对音域（即词语内部高低变化的幅度）比汉语略窄，大约相当于汉语的四分之三左右。因此如果在说日语时音域像汉语一样宽，就会使日本人以为是在吵架。

这也是部分学习者的日语听起来更像关西话的原因。因为与声调相对平稳的东京话相比，关西方言整体声调高低起伏较大。

此外，在外来语的发音上，英语的负迁移作用表现的比较明显。学习者往往受到英语声调特征的影响，在日的发音上继续沿用英语的发音方式。如把「スポーツ」依旧读成英语的"sports"。虽然大部分日语外来语是由英语演化而来的，但既然它们已经成为日语的固有词汇，就应当遵循日语的发音规则。

（三）重音

日语的重音主要分为语句重音（sentence stress，文アクセント）和强调重音（prominence，プロミネンス）。日语的语句重音有其一定的规律，一般句子中的主要信息叫做语句重音；在新旧信息中，以新信息做语句重音。汉语的语句重音一般是由句子的结构类型决定的。例如：在汉语一般短句中，谓语、状语一般要重读，补语也常常在句子中重读。而英语的语句重音一般是由词性决定的。一般说来，实义词通常重读，虚词通常不重读。强调重音是指说话者在句子中有意识地突出强调某一部分，说话者想要强调某一部分就可以利用强调重音进行强调。

日语的重音在物理上的表现是：重音部分音域扩大，时长略有加长；重音后面的句子成分声调弱化，音量衰减[①]。即日语的重音主要是通过音高实现的。汉语的重音同样也是通过音高来实现的。无论强调所导致的时长，还是所体现的音高和音强上，汉语和日语的语音表现基本上是相同的。英语的重音属于强弱重音，即其主要是通过声音的轻重也就是音强来实现，因而也被称为"力度重音"。

无论是语句重音，还是强调重音，汉日语的重音规则及物理体现都比较相似，要充分引导、促进习得中的正迁移。英语的重音规则与日语差异较大，应避免其负迁移作用。

（四）语调

在语调的习得上，中国学生使用日语声调时，句末语调上升度把握不好。和日语相比，由于受声调制约，汉语总体的语调较为平坦。汉语虽然也有升调，平调，降调等各种句尾语调，但由于汉语是声调语言，声调占用了音高资源，汉语的句调就受声调制约，调域的增幅有限，总体的语调偏于平稳。即使是汉语疑问句，其句尾语调上升幅度也不大。汉语语调的这一特征容易给学生日语习得带来负迁移作用，使学生的日语疑问句的句末上升幅度偏小，音高走势平坦。

而英语属于语调语言，其语调的高低和升降要通过重音来实现。因为英语的音节没有固定的声调，所以语调在句中的升降就相对自由，高低音之间的音域较宽，句调调幅起伏比较大。因而，受母语影响，英语母语者说汉语的"你好"时句尾语调也升得很高，而中国人说"你好"时句尾语调则偏于平稳。

---

① 皮细庚.日语概说[M].上海外语教育出版社，1997.

由以上分析可以看出，汉语的句末语调尤其是句末升调要比日语、英语相对平稳得多。汉语句尾语调相对平稳这一特点对日语语调习得产生了负迁移作用。在句尾语调的习得上，可以通过三者间的差异对比，引导学生体会语调升降幅度较大的日英语间的差异，促进习得中的正迁移，克服母语带来的负迁移。

日语语音课程是高校日语专业基础阶段的必修课程之一，大部分高校日语专业都设有该课程。《高等院校日语专业基础阶段教学大纲》明确指出："本阶段语音教学的最终目的是要求学生能正确掌握日语的发音、声调、句子的重音和语调，在语言实践中能正确、流畅地进行交际，恰当地表达自己的思想和感情"。可是一直以来，日语语音课的教学并没有完全达到此目的，存在教学效果较差，学生实践运用能力欠缺等诸多问题。日语语音教学仍沿用传统的教学方法，单纯强调音节模仿的粗放型教学模式，也许正是造成这一现状的根本原因。教学模式若没有因为教学对象的变化而变化，自然会使教学效果滞后于教学需求。因而，在新的历史形势下，从三语习得的角度，对日语语音的习得进行迁移研究就变成了一种必然选择。

第二节　日语语音习得中的多语际跨语言影响

中国学生日语语音习得研究多数基于二语视角，近年来，有学者试图以三语习得视角研究日语语音习得，但多数是以区别性语言特征为基础的分析推理。本研究采用质性研究（qualitative research）中的现象法（phenomenology），探索中国学生学习日语语音过程中来自母语及二语英语的跨语言影响及触发因子。采取目的抽样选取中国中部某大学英语专业学生为受试，数据收集工具为开放式问卷和半结构型访谈，质化数据采用内容分析法加以分析。研究发现，在三语日语语音习得过程中，语言心理类型相似性是跨语言影响的主要触发因子，出现为内容相似和形式相似两种类别。本研究发现将会对日语语音的教学和三语日语其他层面的研究具有实践指导意义和理论借鉴意义。

语音学习是语言学习的基础，尤其对外语学习者来说，语音学习是习得外语的第一道难关。语音习得的好坏直接影响到外语习得效果。日语作为英语专业的第二外语，在高校中广泛开设，选择日语作为第二外语的学生数量远远多于其他语种。此外，非英语专业的学生学习日语人数也在增加。但日语语音研究很长时间归于二语习得范畴，以二语习得视角研究日语语音习得。但现实情况是，不管英语专业还是非英语专业，都是以零基础学习日语，且在此之前，他们已经学习了英语。也就是说，在学习日语之前，他们已经具备两种语言背景知识和语言习得经历：母语汉语和二语英语。这两种语言背景知识和习得经历必然对日语学习产生影响。与只受到母语影响的二语习得不同的是，三语习得除了受到母语的影响，还受到二语习得的影响，这不仅包括二语语言表征，还包括二语习得的学习经验和策略。因而，以二语习得视域，研究日语语音，一方面不符合习得实际，另一方面也无法揭示日语语音习得的跨语言影响规律[①]。

跨语言影响（cross-linguistic influence）这个概念首先是在二语习得中被提出，指二语习得中母语对目标语的迁移影响。随着 20 世纪 80 年代三语习得从二语习得范畴中独立出来，跨语言影响也自然移植到三语习得研究中，指母语和二语对三语习得的迁移影响，其复杂性远远超越二语习得的跨语言影响。三语习得中的跨语言影响源语是母语还是二语，以及什么时候和什么条件下受到母语影响或二语影响，这些显然受到多种因子的制约。本研究采用质性研究的现象学研究方法（phenomenology），对日语语音习得中的跨语言影响触发因子进行分析，以三语习得视域，对中国学生习得日语语音的语音偏误和成因进行初步探索。

一、理论背景

跨语言影响概念原产于二语习得研究，认为母语是二语习得过程中迁移影响的唯一来源，是一对一迁移模式。而在三语习得中，跨语言影响呈现出多对一迁移模式，即母语和二语对三语习得的影响。因此，有学者建议，为了有异于二语习得的跨语言影响，三语习得中的跨语言影响应称为"联合跨语言影响（combined cross-linguistic influence）"。三语语音习得研究是三语习得研究的重要分支之一，于 21 世纪初才开始兴起。三语语音习得中的跨语言影响还知之甚少。一般来说，三语语音习得者已有的母语和第二语言的语音发音感知知识必然对三语语音习得产生影响。这种影响呈现交叉性和联合性，在三语语音习得过程中，有些语音主要受到母语语音的迁移影响，有些语音受到二语语音影响，而有些语音即受到母语影响又受到二语影响。有研究发现，触发三语语音习得中跨语言影响的因子主要有：语言心理类型相似性（psychotypology）、二语身份（L2 status）、源语 / 目标语水平（target/source language proficiency）。

研究发现，在三语习得的初始阶段，即语音习得阶段，跨语言影响主要表现为母语的迁移研究，其次是二语的迁移影响。二语成为迁移影响的源语是因为二语的非母语身份以及习得者避免三语语音中的母语口音。有研究表明，语言心理类型相似性比二语身份在三语语音习得中更能触发跨语言影响；而有研究却得出相反结论。三语语音习得中语言水平在触发跨语言影响中的作用，主要是指二语水平，因为三语语音习得阶段是三语习得的初始阶段，三语水平低。Garcia 的研究表明，二语水平高的学生在三语语音习得中的表现要好于二语水平低的学生。3 种因子在三语语音习得中触发跨语言影响的相互关系呈现出复杂性，正如 Gut 指出，我们对三语语音习得中的跨语言影响触发以及触发因子之间的关系知之甚少，研究深度和广度不够，需要进一步深入研究。

日语作为英语专业第二外语而开设，学生在开始学习日语时候已具有母语汉语和第二外语英语的语言知识和学习经历，这些背景语言必然对日语学习产生迁移影响。不过，多

---

① 王锐 . 日本语纵横 . 外语教学与研究出版社，2008.

数研究都是以二语习得视角分析汉语母语对日语语音习得的迁移影响。也有少数研究从三语习得的角度对日语语音习得的跨语言影响展开研究。李红艳通过分析汉、英、日语音的主要区别性特征，认为汉语语音是日语元音发音偏误的主要原因，英语由于清浊对立成为日语辅音发音偏误的主要原因。李海莹和王玉芝对汉、英、日的元音和辅音的发音部门和发音方式进行了详细对比分析，进而分析日语语音发音偏误的主要来源。这些研究都是以3 种语言的语音区别性特征为依据来分析日语语音习得中的母语和二语的迁移影响。

语音相似性特征也是造成日语语音习得的跨语言影响原因。刘海霞依据汉、英、日语音的相似度来确定日语语音习得中的汉、英正负迁移。因受母语汉语的影响，我国学生在发日语元音时，双唇过于紧张，口形张得过大或过圆，发音与标准日语元音有差异。辅音方面，由于日语中拨音两个音位变体 [n] 与 [] 的发音区别与汉语拼音的 n，ng 区别一样，因而易于发音。由于汉语的负迁移，日语的清浊辅音易发成送气和不送气音，如ば、だ、が读成汉语的清音不送气音'巴''嗒''嘎'。

这些研究主要基于汉、英、日 3 种语言的语音区别性特征或相似性特征来分析日语语音习得中的迁移影响，较少采用实证研究方法，结论主要基于分析推理。王运璇以某二本院校英语专业为受试，对其进行了问卷调查和课堂材料收集，数据分析发现，汉语前鼻韵 [n] 是造成日语拨音'ん'发音偏误的主要原因；汉语'ei'导致日语长音发音偏误的主要原因；英语重音导致日语语音偏误的另一个主要原因。

尽管上述研究发现在日语语音习得中，汉语和英语都产生了迁移影响，但没有说明迁移影响的触发条件，即跨语言影响的触发因子。本研究主要探索什么因子触发了日语语音习得过程中的跨语言影响[①]。

二、实验设计

本研究采用质性研究（qualitative research）方法中的现象法（phenomenology）设计，探索中国学生学习日语语音过程中来自母语及二语英语的跨语言影响。该研究方法以学习者视角了解日语语音学习过程中的汉语和英语的迁移影响，没有量化研究中的人为介入和干预，以求自然状态下获得真实三语语音习得中的跨语言影响触发机制。研究问题如下：

（1）中国学生学习日语语音的偏误是什么？

（2）日语语音习得中的跨语言成因是什么？

（一）受试

本研究受试选自中国中部地区某大学英语专业学生，学生为日语初学者。受试采取目的抽样方法（purposeful sampling）选取。选取时，受试需满足以下条件：英语专业，这样保证学习者在学习日语语音时具有汉语和二语英语的语言背景知识；在此之前，没有任

---

① 文化厅 . 语言方面问题集——外来语篇 [M]. 日本：大藏省印刷局，1997.

何日语学习经历，不具有任何日语知识，是首次学习日语，这样保证其日语水平为初学者初级水平。以此条件，15 名英语专业学生选为受试，受试根据英语水平分为高、中、低 3 组，每组 5 名学生。

（二）数据收集工具

本研究采用质性研究方法收集数据。数据收集工具包括开放式问卷（open-ended questionnaire）和半结构型访谈（semi-structured interview）。

开放型问卷在构建前，先根据研究问题，确定开放式问题（open-ended questions）。然后，向相关专家征询对开放式问题的意见，并根据意见进行修改。最后，对问卷进行预测试。并根据预测的结果进行修改，最终确定问卷问题。问卷包含两部分内容：日语语音学习过程中受汉语和英语影响的开放式问题，受试个人信息的封闭式问题，如性别、年龄、英语学习考试时间、英语水平自评、日语水平自评。15 名受试参与开放式问卷调查。

根据问卷调查结果拟定半结构型访谈提纲，并根据中国学生不愿回答复杂、开放问题的特点，设计封闭型问题、开放型问题、追问问题，以尽可能地获得更多的信息。根据问卷结果，参与访谈的受试，分别从英语水平高、中、低 3 组各选取两名，访谈由作者本人实施。受试在访谈前被告知访谈目的，同时强调他们的个人隐私将得到保护，在将来的文章中他们个人隐私不会被泄露。访谈进行现场录音，然后进行转写。

三、数据分析

问卷和访谈收集的数据先进行编码，然后采用内容分析方法（content analysis）发现其中的范畴（category）和次范畴（subcategory），比较、分析范畴以发现他们之间的联系。

（一）日语语音偏误

问卷调查发现，受试经过一个学期的学习之后，英语水平高中低的受试者报告说，日语语音发音存在一定偏误。这表明二语英语水平在日语语音偏误方面不存在差异。他们主要是清音、浊音、促音、拗音等发音不准，其次是拔音和元音发音不准，最后，有些音发音现在仍然容易混淆。

15 名接受开放式问卷调查的受试中，有 10 名受试报告说，他们在拗音发音方法存在错误，他们认为拗音发音吃力，比较困难，不容易发准确。9 名受试（60%）说，他们无法准确发出日语清音か、す、つ、ふ、し、ち、ね。而其中，最容易出现错误的是す、つ、ふ，这些音发音时候掌握不好发音时口型以及牙齿的闭合度。5 名受试（33%）提到浊音难发，如が、ざ、ず、づ、ぎ等尤其难发，不易与清音区分。五名受试（33%）报告说，促音不易发准确，感到吃力，促音要有顿挫，速度快时会辨别不清。

有受试在问卷中讲述到，他们的拔音和元音发音也存在错误。4 名受试（27%）说，拔音难发，发音不到位，发音位置和方法把握不准。只有一名受试提到，元音う发音时候，

口型不好掌握，容易发错。此外，受试在问卷中说，他们容易混淆某些相似的日语发音。四名受试（27%）报告道，他们容易混淆な行与ら行的发音，因为他们区分 n 与 l 的发音。3 名受试（20%）说，他们很难区分や、ゅ、ょ的发音，容易混淆。2 名受试（14%）提到，他们易混淆ぬ和め的读音；一名受试不易区分む和め；1 名受试易混淆お和を；1 名受试混淆す和し。

（二）日语语音习得的跨语言成因

访谈数据分析表明，母语汉语和二语英语都对日语语音习得产生影响。汉语和英语的影响主要表现为以下几个类型：正迁移、负迁移、交叉迁移。汉语的正迁移分成两个次类型：音似正迁移、形似正迁移；汉语负迁移分成两个次类型：音似负迁移、形似负迁移。英语正、负迁移主要表现为音似。交叉迁移主要表现为形似音异造成的[①]。

1. 日语元音

多数受试在访谈中提到，由于日语元音的发音类似于汉语拼音，这有助于他们习得。就日语ぁ行平假名，受试说："日语元音发音与汉语相似大，很容易学会"；"可以根据汉语发音帮助学习ぁ行平假名，借助汉语来帮助日语发音"；"尤其ぁ类似于汉语中的'啊'，ぃ类似于汉语中的'依'"。这些说明汉语对日语元音学习的正迁移。不过，汉语拼音与日语母音的发音相似性，也对学习日语母音产生一定的干扰。有受试说，"汉语拼音会有点干扰日语发音，如元音う、お等"；"是有干扰，例如：u e o/ うえお，与汉语拼音 u，e，o 发音相似，但有细微差别"。这表明，汉语由于发音相似而对日语母音学习产生了负迁移。

个别受试在访谈中说，"う与英语'u'发音类似，但口型更扁"，这说明英语对日语元音学习的负迁移。另一名受试却说，お借助于英语中的'o'来帮助发音，这说明了英语的正迁移。另一受试说，え很像汉语中的'元（yuan）'，但发音不同，这说明由于形似所导致的汉语负迁移。

上述结果表明，由于汉语拼音与日语语音的相似性，从而促进了日语元音的学习，发挥了积极的主导作用，但也对日语发音产生干扰，导致负迁移。偶尔会出现英语的正迁移或负迁移，这是由于日语语音的罗马字母注音与英语字母相似且发音相似或差异所导致的。比较特殊的是，出现了由于假名类似于汉语汉字但发音不同而导致的汉语负迁移。由此可见，尽管都是由于心理类型相似性所导致的汉语或英语的跨语言影响，但影响程度及触发具体条件呈现出复杂性。

2. 日语清浊音、拗音和拔音

关于日语清音和浊音，受试说，"辅音、浊音容易学，因为这些跟汉语很相似，有相似之处"，"平假名比较容易学会，因为平假名可以联想记忆，平假名跟中国一些汉字的发音、写法比较相似，有些是由中国汉字演变而来"。这表明母语汉语与日语发音的相似

---

① 文化厅 . 语言方面问题集——外来语（2）篇 [M]. 日本：大藏省印刷局，1998.

促进了日语语音的学习，是汉语的正迁移。受试在访谈中详细说明了如何利用汉语发音与日语语音的相似性来促进日语语音学习，"会借助汉语拼音帮助发音，比如'ち（chi）'，它的发音更接近汉语拼音的'qi'"；"'し'这个一开始我会用，汉语拼音'xi'来记忆"；"书本上有注音，如'し'为'shi'，'く'为'ku'，'け'为'ke'"。受试利用汉语拼音与日语语音的相似性来学习、记忆日语语音，有的是直接将日语语音罗马字母注音按照汉语拼音来发音。个别受试说，"是借助汉语来帮助学习日语语音，如'せ'就像汉语中的'世'，'ぬ'就像汉语中的'奴'，'も'就像汉语中的'毛'"。这表明汉语的形似在日语语音学习中的正迁移。不过，汉语拼音与日语平假名读音的相似性也对日语语音学习造成干扰，如有个别受试说，"会干扰到，比如用'ci'来标注'つ'，会不自觉读成'ci'并将尾音发成'i'，实际上尾音应该偏向'u'和'i'之间，稍微偏向'u'"。这表明汉语的音似负迁移影响。

　　不过，由于日语平假名用罗马字母注音，这容易对日语语音学习产生负迁移。受试说，"汉语拼音有点干扰，比如初学假名时一般靠罗马音认读假名，很容易将罗马音与汉语拼音混淆。如'ち（chi）'、'つ（tsu）'等读音"；"ざ、ず、づ、ぎ、ゃ等等发音更难，原因：第一、日语发音口型与汉语相差较大，大小较难把握；第二、罗马字书写形式、发音及汉语拼音发音相差较大，受影响较大"；"し、ち、ふ、ゅ、ょ较难发音，因为，首先这些语音的罗马字标音和其他语音有所区别；其次是读音和罗马字标音不符，易忘；然后是容易将汉语与语音不自觉地代入这些语音中"。这些都表明，由于日语平假名的罗马字母注音，这些注音类似于英语字母或汉语拼音，有受试按英语字母对应语音来发音，而有受试则按汉语拼音来发音，呈现出汉语和英语的交叉影响。

　　比较特殊的是，个别受试说，"'ハ'很像汉语中的'八（ba）'，'口'发音很像汉语中的'口'，易读错"。这些表明，由于日语平假名书写类似于汉字，从而导致发音出现错误，这是汉语形似负迁移影响。

　　最重要的发现是，地方方言的负迁移影响。受试说，"な行和ら行难发，可能是由于地方性方言、口音问题，我有时并不能很清楚的发出n和l的发音"；"n和l会发不准，前鼻音与边音在读单词的过程可能会有些无法区别"；"n和l的发音不准确，不好掌握，在中文当中l和n也不分"。本研究受试主要来自安徽省，由于地方方言的影响，很难区分l和n的发音。这表明地方方言由于音似而导致的负迁移影响。

　　关于拔音，有受试说，"拔音'ん'易受汉语拼音'h'的影响"。这说明由于平假名的书写与汉语拼音的相似而产生的形似负迁移影响。有受试说，"如ん的发音与英文'n'很相似"；"'ん'的读音是借助于英语中的'n'"。这表明，受试借助英语相似发音来学习日语拔音，英语的音似正迁移影响①。

　　上述结果表明，在学习日语清浊音和拔音过程中，由于音似或形似导致了汉语或英语

---

① 文化庁. 平成10年度关于国语调查[M]. 日本：大藏省印刷局，1999.

的负迁移影响。同时，由于形似音异，从而导致汉语和英语的交叉负迁移影响。最重要的发现是地方方言对日语语音学习的负迁移影响。不管音似或形似，都是心理类型相似性导致了汉语或英语的正迁移或负迁移。这说明，心理类型相似性在触发三语语音习得中的跨语言影响呈现主导性。

分析结果表明，中国英语专业学生在学习日语语音过程中，主要迁移影响来自汉语，母语汉语成为日语语音习得过程中的跨语言影响主要源语。日语元音习得过程中，'う'容易出现偏误，这与李红艳的分析结论一致。此外，'え'和'お'也出现了偏误。这些偏误的成因主要是汉语的负迁移影响，其跨语言影响触发因子主要为语言心理类型相似性。语言类型相似性并非基于语言学家的语言特征分析而是基于受试的心理感知。正是由于受试心理感知这些日语元音与汉语单韵母或英语元音的相似性，但又由于有差异，从而导致了偏误。不过，这种相似性并非只会导致负迁移影响，也会产生正迁移影响。由于'あ'类似于汉语中的'啊'，'い'类似于汉语中的'依'，从而促进了学习。由此可见，语言心理类型相似性即可产生负迁移，也可产生正迁移，至于什么情况下导致负迁移，什么情况下导致正迁移，取决于相似性程度。由此可以建立一条规则，"语言心理类型相似性程度越高，正迁移趋势越强"。另一发现。较特殊的是，二语英语也在日语语音学习过程中产生了正、负迁移，这种影响并非因为二语身份而是读音相似性，也是语言心理类型相似性所导致。二语英语成为跨语言影响的源语，不是因为其非母语身份以及习得者避免三语语音中的母语口音，不是因为英语和日语都是外语而产生的'外语认知联系（cognitive association of foreignness）'。但是，基于语言心理类型相似性的母语或二语什么条件下成为跨语言影响的主要源语还需进一步研究。

我们同时发现，日语清浊音和拗音的'ち、つ、し、ふ、ざ、ず、づ、ぎ'容易出现偏误，这与前人分析结果一致。偏误的原因是这些平假名的罗马字母注音的发音与实际发音不一致所导致，受试依据罗马字母注音是否类似于英语还是汉语拼音来按照英语读音或汉语拼音进行发音从而导致偏误，如'し（shi）'，如果按照其英语读音 /i/ 发音，容易出现偏误；'ふ（fu）'，按照汉语拼音发音，也容易出现偏误。这种偏误的主要也是因为语言心理类型相似性，只不过是形式上的相似而已，但读音不同。不过，如果读音相似的话，也会产生正迁移，如'く（ku）、け（ke）'，按照汉语拼音读音，由于相似性，从而促进学习；如'ち（chi）'，按照英语读音，由于相似性，也能促进学习。以此，形式相似性存在两种情况：读音相似和差异，从而导致两种不同结果：正迁移和负迁移。不同的是，上述的语言心理类型相似性是指真实读音相似性，或者说内容相似性。这样，语言心理类型相似性主要表现为内容相似和形式相似两种类别。

与前人的研究一样，我们也发现了地方方言的负迁移影响。由于地方方言的 n 和 l 的发音不分，从而导致受试な行和ら行发音难以分清。这证实了王运璇的研究发现。安徽地区容易将变音和鼻音混淆，这对受试学习日语な行和ら行音产生了干扰，导致负迁移。这同样是因为语言心理类型相似性，只不过是地方方言的发音相似性所导致的。至于拔音

'ん'，受试在学习中受到了汉语形式相似的拼音'h'影响而产生了偏误，但也有受试借助英语语音 /n/ 的类似来促进学习。语言心理类型相似性的内容相似和形式相似所触发的跨语言影响在此表现非常明显。

另一重要，也比较特殊的发现是，由于日语平假名的书写与汉字相似从而触发了跨语言影响。主要呈现为两种形式：汉字的形和音都相似、汉字的形相似而音不同，由此导致正迁移和负迁移。这同样是由于语言心理类型相似性所导致，是形式相似和内容相似同时作用的结果。如果形式相似和内容相似同时具备，就会产生正迁移；如果形式相似和内容相似不同时具备，就是产生负迁移。

本研究主要探索中国学生日语语音习得过程中跨语言影响以及触发母语汉语和二语英语迁移影响的主导性因子。相比较二语身份和二语水平，在日语学习的初级阶段，即语音习得阶段，语言心理类型相似性是触发跨语言影响的主导性因子。语言心理类型相似性在触发跨语言影响时主要呈现内容相似和形式相似两种具体状态。内容相似性的程度决定了正迁移趋势的强度，内容相似性越高，正迁移趋势越强。形式相似性可以分为平假名书写相似和罗马字母注音相似，不管是书写还是注音，如果形式相似同时也具备内容相似，就是产生正迁移；如果形式相似而内容相似不具备，则会产生负迁移。不过，基于语言心理类型相似性的语际竞争关系决定了是母语汉语还是二语英语成为跨语言影响的源语，其中的竞争机制还需要进一步的深入研究。本研究发现将会对英语专业日语语音的教学具有实践指导意义，对日语其他层面的研究具有理论借鉴意义。

第三节 从词形、语音看日语拟声拟态词的特征

日语中存在着大量的拟声拟态词，它们不仅数量多、应用范围广、使用频率高而且创造手法灵活，是其他语言系统中很少有的现象。据统计，收录在各类拟声拟态词词典里的现代拟声拟态词有 1500 多个，比较固定的大概有 500-600 词。拟声拟态词数量多派生能力强，构词形式复杂多样，笔者在前人研究的基础上拟从日语拟声词、拟态词的形式和语音两大方面考察日语拟声词、拟态词的特征，希望为日语学习者提供些借鉴。

一、拟声拟态词的概念

（一）拟声词

通过模拟自然界声音而创造出的词汇，根据最新日语辞典上的解释是「動物の音声や物体の音響を言語音によって表した語」（日语词典『デジタル大辞泉』），翻译成汉语即所谓拟声词是把动物的声音和物体的声响用声音化语言表现出来的单词。日语中拟声词亦称「擬音語」。日中两国语言中对拟声词的定义几乎相同。

（二）拟态词

『広辞苑』上说拟态词是「視覚」触覚など視聴以外の感覚印象を言語音に写し表す語」（新村出．『広辞苑』（M）．岩波书店）。拟态词是用文字化的声音模拟事物特征的词汇，是把事物的状态及身心的感受尽可能地用与之相似的声音，象征性地采用声音化的手法描述出来的词叫拟态词[①]。

二、拟声拟态词的词形特征

日语学界的语言学家根据日语的拍数、音节数、词基等提出了不同的分类方法，普遍比较认同的词形有促音形、拨音形、长音形、[り]音形、迭音形、音的部分重复、清浊音的对立等，大概有 21 种。笔者在本稿中分成促音形、拨音形、长音形、[り]音形、迭音形、音的部分重复、清音形、浊音形八个方面进行具体分析。

（一）促音

在假名或基本形后加上促音，可表示突然停止的声音，以及动作的瞬间性，一次性之意，且具有诉说强烈感情的气氛。

（二）拨音

拨音具有反应回音程度的作用。所以，它有强调外界余韵强弱、动作、样子的节奏及韵律的效果。例如：がらん、かんかん、しいん、がちゃん等。

（三）长音

长音可表示物体声音、动作或状态的延长和不断。

（四）[り]音

[り]音表示某种程度上的柔软、光滑、略慢的感觉。此外，还可以表示突然的动作和声音，节奏比促音"っ"的节奏要稍快。

（五）迭音

迭音表示物体或动作反复的次数之多或强调程度、状态等。例如：ぎらぎら、ぼそぼそ、ごくごく、ばりばり等同音反复的词。日语拟声词拟态词中，迭语的数量占相当的比重。有时为了强调可以像くるくるくる、からからから一样重复三次以上来表示。

（六）音的部分重复

像あたふた、むしゃくしゃ、ちらほら、のらりくらり等一样，音的部分重复形式，是较单纯的言语形式，也是强调动作或状态等。在数量及反复次数上相对要少得多。

---

① 　文化庁．平成 11 年度关于国语调查 [M]．日本：大藏省印刷局，2000.

（七）清音

清音一般表示事物非常轻巧、灵敏、通畅、小巧玲珑、美丽。

例如：きらきら、はらはら、さらさら、ころころ等。

（八）浊音

浊音在感觉上一般给人一种沉闷的、不快的、污浊的感觉。

例如：べらべら、ぼやぼや、ごろごろ、ばらばら等。

三、拟声拟态词的语音特征

（一）「i」「a」「o」音

「i」音词表示事物的声音或者幅度小，运动速度比较快，常常表示心情的急切。「a」、「o」音词则与此相反。

（二）[e] 音

在母音字母 [a]、[i]、[u]、[e]、[o] 当中，「e」音的词明显要比其他词要少，这或许与国语发展时，e音发展较晚有一定的关联。拟声拟态词中カラカラ、キリキリ、クルクル、コロコロ……，却唯独没有ケレケレ，并且「e」音的词往往带有一种消极的，粗俗的或引起心情不快的感觉的倾向。

（三）「g」、「z」、「d」、「b」音

在子音当中，象 g、z、d、b 这样的浊音一般表示出的事物是沉重的、沉闷的、庞大的、污浊的。

（四）「k」音

以子音「g」「k」开头的拟声词多表示物体互相撞击所发出的声音。例如：がたん（と）等。

（五）「s」音

以「s」开头的拟声词多表示事物摩擦时发出的声音。

例如：さらさら、ざらざら等。

日语拟声拟态词数量多，形式复杂，应用范围广泛，在日常会话交流里使用频繁，对第二语言学习者而言，必须重视日语拟声拟态词的学习和使用。虽然拟声拟态词的掌握比较困难，但是拟声拟态词的词形、音形相对其他词而言有一定的规律可循，掌握拟声拟态词的词形和音形特征的一般规律将有助于准确把握日语语感，对日语听说读写方面等综合能力的提高大有益处。

第四节　语音学视角下日语误听力分析

本节从听力教学中实际例子出发，从语音学角度分析总结学生在学习日语时容易出现的误听现象，试图找出潜在原因及规律，希望能对日语学习者听力水平的提高提供参考和借鉴。

对影响日语听力理解因素的探讨和研究，国内刊物已有诸多篇章。本节欲把分析的重点放在听力理解环节中的"听"上，从语音学角度分析误听（可指任何错听现象，包括混淆听（下称混听）、漏听、多听等）实例，试图发现其中潜在规律。本节以下误听例均为听力课堂中对学生典型错听句所进行的教学调查结果；正解听力引用材料均来源于日本 NHK 新闻节目音频节选。

一、"ア"段音的混听

误听例 1：その代表格はね、去年八月に流行しましたＭＳブラストと……

正解 1：その代表格がね、去年八月に流行しましたＭＳブラストと……

误听例 2：最初にロリスを見たが、すぐに狩をやめて引き返した……

正解 2：最初にロリスを見たら、すぐに狩をやめて引き返した……

日语中可以区分的最小的语音单位叫单音。比如"は"和"が"这两个音节，如果把他们发音拖长的话，就会发现拖长部分只剩下了 a 的音。而在语流较快的真实语境中，辅音往往瞬间带过，从而导致词语中音节发生变化。ア段音的混听现象在日语新闻听力中尤为常见，还有表现在た和か、あ和わ、ま和わ上等。其中は和が的混听，虽一般不会影响对内容的直接理解，但笔者认为在教学环节中仍需注意。这就要求对助词的发音，尤其是发鼻浊音时对学生多进行向导性训练，争取减少混听率。

二、"イ"段音的混听

误听例 1：鈍間なサルのイメージはしっくり返ります。

正解 1：鈍間なサルのイメージはひっくり返ります。

误听例 2：目まぐるしいサイクルで新たな機種が非常に投入される携帯電話……

正解 2：目まぐるしいサイクルで新たな機種が市場に投入される携帯電話……

イ段音主要表现在ひ和し的混听上[①]。ひ的辅音 [ç] 和し的辅音 [ʃ] 都属于无声音。在真实语境中这两个音是较为模糊的，因为二者口腔张合程度和舌头位置很接近。在东京近

---

① 　相卓 . 高校日语阅读课程的有效教学模式 [J]. 安顺学院学报，2015.

郊的有些地方，认为这两个音没有区别的日本人也不为少数。从语音学角度说，ひ的辅音 [ç] 是通过硬口盖与舌面的调音，属于硬口盖音，而し的辅音 [ʃ] 是通过上齿龈与舌尖的调音，叫齿龈音。教师在教学中要尽量避免混听这两个音，第一要教会学生其正确发音方法，其次要让他们适应这种模糊的听觉印象。

三、"オ"段和"ウ"段音的混听

这两段音除了有各自内部的混听现象外（如清浊音等，下节论述），还表现在跨段混听，如こ和く、よ和ゆ等。

误听例 1：回転数や押し付ける力で出来上がりが大きく採用されるため……

正解 1：回転数や押し付ける力で出来上がりが大きく左右されるため……

误听例 2：その時、ゆびえような声が聞こえました。

正解 2：その時、呼び合うような声が聞こえました。

ウ和オ都属于后舌元音，是指接近软口盖的元音。お在日语中我们称其为圆唇音，口腔开合长度介于半开半闭之间，偏半闭，而う属于闭元音，张口较小。指导学生发这两个音时，相信大多数教师都正确介绍了包括嘴型的大小、舌位的高低等较明显的区别。但在听力过程中，为了一个音节和下一个音节之间的连贯，前后很容易发生影响和变化。这时，所谓"开"和"闭"的区别恐怕就微乎其微了。笔者认为在平时听力教学和口语实践中，应尽力让学生模仿真实语境中的有声材料，而没有必要反复灌输お段音嘴型又大又圆的先入为主概念，否则很难做到降低错听发生率。

四、"オ"段音清浊音的混听

误听例 1：利用者は始発から終電の間なら何時でも荷物を取り出す……

正解 1：利用者は始発から終点の間なら何時でも荷物を取り出す……

误听例 2：大手電気メーカなど 14 社が規格を同一することになりました。

正解 2：大手電気メーカなど 14 社が規格を統一することになりました。

要避免听错，有必要平时对自身发音和练习加以纠正。我们在低年级语音教学环节中，一般没有注意到这两个音的模糊听力现象，学生普遍都认为と的辅音只是和汉语 [t] 相近，而忽略了 [d] 的可能性，听错也就不足为奇了。

五、长短音及促音的混听

误听例 1：この四角空港渦巻状に走っているもの……

正解 1：この四角く、こう渦巻状に走っているもの……

误听例 2：新幹線の駅開業でこの町は東京の新たな玄関口として客を集め始めてい

ます。

正解 2：新幹線の駅開業でこの町は東京の新たな玄関口として脚光を集め始めています。

上述两个例子，笔者在教学调查中发现 80% 的学生都有不同程度的误听。第一个例子由于新闻解说的关系，记者语流很快，应有的停顿被省略，而前一个单词由于个人说话习惯发音时间被稍微拖长，所以导致听成"空港"。分析原因，恐怕也是由于日语音节的缩约现象导致的。另外，我们知道元音 [ɯ] 在发音时很容易无声化，进而发展成脱落，那就有可能导致整个音节变成促音。比如洗濯機（せんたくき）→（せんたっき）的转变。而第二个例子正好相反，很多学生把"きゃっこう"误听成"きゃく"，分析原因则比较复杂。一则因为后面助词"を"的缘故，こう后面再后续を，无形中长音音节增多，很容易出现长音脱落现象。二则如文中第三点指出，こ和く容易混听，故学生错听成"くを"也就可以理解了。三则由于きゃ较容易听出，联系后面所听音节く，加之学生平时词汇积累等客观问题所限，进而促音被"省掉"，直接变成"きゃく"了。这种误听情况，平时我们也可以通过增加单词短语知识积累来慢慢改正[①]。

六、拗音的误听

误听例 1：一ヶ月とかからずに、ウィルスが作られるため、その謀議は間に合わなかったというんですね。

正解 1：一ヶ月とかからずに、ウィルスが作られるため、その防御が間に合わなかったというんですね。

误听例 2：安心、安全を売っていきようということで、⋯⋯

正解 2：安心、安全を売っていく企業ということで、⋯⋯

据笔者的实际调查，上述两个例子的错误率也达 70% 以上。ぎ [ɡi] 和ぎょ [ɡjo] 的辅音 [ɡ] 都属于软口盖爆破音，但是前者元音 [i] 是高舌位元音，如果把舌位进一步抬高，使气流在舌面与硬口盖之间产生轻微摩擦，就成了半元音 [j]，而 [j] 的摩擦极为轻微短暂，会迅速转化成后面的元音，所以就导致了学生的错听。故教师在语音教学环节中，务必要帮助学生正确掌握拗音的发音技巧。

七、元音无声化单词的误听

元音无声化是指和元音 [i]、[u] 拼成的假名，后面如果遇到辅音为 [p]、[t]、[k]、[h] 等假名时，则把 [i][u] 读得很轻，或者不发出声音来的现象。在听力训练尤其是位于句首时，错听漏听发生现象一般会比较高，例如：

误听例 1：良いイメージとして安心、安全を売って⋯⋯

---

① 李倩 . 浅谈如何通过日语阅读课堂教学培养学生的语言能力 [J]. 剑南文学，2013.

正解 1：企業イメージとして安心、安全を売って……

很多学生"企業"这个单词的"き"的发音基本上没有听出而直接跳到下个汉字的发音上了。所以教师平时不应忽略元音无声化的练习，可通过单词朗读让学生逐步掌握这一日语中特殊发音现象避免在听力环节中出错。

由于教学调查对象的局限性，在实际听力过程中还会存在很多千奇百怪的漏听、多听、错听等现象，其原因不是数篇文章可全部涵括，但从中找出部分原因进行分析总结对提高听力水平、减少错听率还是行之有效的。

第五节　语音隐喻角度的日语流行语研究

从认知语言学的角度，在语音隐喻的层面，对日语流行语语音的认知机理进行探讨与分析。日语流行语的创造与语音隐喻有很大的关系。这为以日语流行语为语料来研究语音隐喻的可行性提供了一定的依据和方法。

语言始于语音，隐喻又是人类普遍的认知工具，人类的生活既离不开语音，也离不开隐喻。语音隐喻最早是由匈牙利语言学家伊凡·福纳吉（Ivan Fónagy）于 1999 年首次提出的。中国学者李弘教授等给语音隐喻所下的定义和透彻地分析，给后人的研究指明了方向。

近年来，中国对日语流行语的研究如雨后春笋。但是这些研究主要是从语法学、美学、社会学等角度进行的，从认知语言学角度对其研究的学者却寥寥无几。语音隐喻是一种普遍的语言现象，语音隐喻理论为我们解释语言现象提供了认知工具。在中国，对语音隐喻的研究也才刚刚起步，而从语音隐喻的视角研究日语流行语的学者更是寥寥无几，因此对其研究意义重大。

一、语音隐喻理论

Ivan Fónagy 在其论文"Why Iconicity"中首先提出了"语音隐喻"概念，他主要是从语音与其所表达的意义这一角度进行论述的。李弘教授认为语音隐喻是"关于语音与其所指对象之间象似性的问题"，主张应严格根据认知语言学家莱考夫（Lakoff）的观点来解释语音隐喻。这里的象似性"主要讨论语言形式在音、形和结构上与其所指（客观世界、经验结构、认知方式、概念框架、所表意义）之间存在映照性相似的现象"，它是指"语言形式与所指意义之间的关系，仅是相似性的一种，是相似性的狭义概念，是以相似性为认知基础的"，这其中的映照性是指"语言形式与所指意义之间所具有的对应性理据关系。"

语音隐喻实际上是"用一个象征单位（一种音义关系）来喻说或激活另一个象征单位"，其中"象征单位 = 语义单位 + 音位单位"。兰盖克（Langacker）用 [DOG]/[dog] 来表示象征单位「dog」,前一个[]中用大写字母即用[DOG]表示语义单位,/后的[]中用音标即用[dog]

表示音位单位。如日语词汇「愛煙家」读音为「あいえんか」，原意"爱吸烟的人"，流行语的「愛塩家」是"喜欢吃咸食的人"之意。它是通过完全相同的语音，用一个象征单位 [愛煙家]/[あいえんか] 来喻说另一个象征单位 [愛塩家]/[あいえんか]。

由此可见，语音隐喻即语音象似性不同于语音相似性，它是语音相似性的下义概念，是用语音跨域映射来达到传达语义目的的，即用一个具体的概念域来表达另一个抽象的概念域，语音之间存在"映照性"关系。因为语义单位和音位单位是不可分离的，因此语音隐喻不是简单的语音之间的转换，它实际是通过"能指"即语音的象似性，达到"所指"即"语义"之间的跨域映射。我们可以把语音隐喻看作具有语音和语义两个层面，表面进行的是语音之间的转换，而实际上底层面进行的是语义之间的转换①。

二、日语流行语的语音隐喻及其认知机理

日语语言中，除了外来语之外，多数单词同时具有语音和汉字两个条件，甚至有代表同一意义上来自日本本土、汉语、外来语三个方面的词汇，虽然它们在使用场合上多少有所不同。如：表示"预约""订购"意义的就有来自日本的原有词汇「あつらえる」、汉语词汇「注文（ちゅうもん）」及外来语「オーダー（order）」三个词汇。还有用两个词表示相同意义的词汇，如：汉语的"钥匙"一词，有「鍵」和「キー」两个单词；"水"有「水（みず）」和「ウオーター」两个单词。日本是词汇量相当大的国家，且存在大量的同音异义词，这就为新词汇的创造提供了丰富的素材和语言基础。

（一）基于音同形异义异（homophone）的语音隐喻

音同形异义异是指语音形式相同，书写形式和词义都不相同的字词。这类词多是利用原有的词汇读音，给予另外的相同读音的汉字，通过语音相似的转换来实现跨域映射的。这类词汇以汉字词汇为主。如：「汚職」读音「おしょく」，原意为"贪污，渎职"，流行语「汚食」是"被污染了的食品"之意，它也是通过完全相同的语音，用一个象征单位 [汚職]/[おしょく] 来喻说另一个象征单位 [汚食]/[おしょく]，对当今严重威胁着人们身体健康的食品安全问题给予极大地讽刺。「朝飯（あさめし）」原意"早饭"，相同读音的流行语「浅飯」意为"因没有时间只吃一点的早饭"。「遣唐使（けんとうし）」原意"日本遣唐使"，相同读音的流行语「検討師」，指专为别人解决问题的"卜者""顾问"等。另外，还有的流行语来源于日语外来语，两者发音相同，意思却大不相同，新的流行语是在外来语之上附上相同读音的汉字来实现转义的。如：「サイレン（siren）」原意为"汽笛""警笛"，用相同读音的汉字「災連」替代，转义为"灾难频发"。相同的还有「ケアレスミス（careless miss）」，原意为"由于疏忽而造成的错误"，附上相同读音的汉字后就变成新的流行语「毛荒れスミス」，意为"头发稀（的人）"，使用此语具有隐语

---

① 范文芳. 英语语气隐喻 [J]. 外国语 ,2000.

的性质。这种音同形异义异的流行语不胜枚举。

以上分析可以看出，在音同形异义异词汇中，汉字起到了决定性的作用，它是跨域喻指的"桥梁"，正是相同读音的汉字之间的转换实现了意义间的转换。

（二）基于完全音同形同义异（perfecthomonym）的语音隐喻

完全音同形同义异是指语音形式和书写形式相同，但词义不同的词汇。这类词意义间没有任何关联，多是利用原有词汇的某种特征来实现转换的。如：「天ぷら」意为"油炸食物"，转义为棒球的"腾空球""飞球"。其相同意义的外来语为「フライ（fry）」，而「フライ」是多音词，还有一个「フライ（fly）」是棒球的"腾空球""飞球"之意，故「天ぷら」转义为"腾空球""飞球"。其转换路径是：[天ぷら]/[てんぷら]→[フライ]/[fry]，[フライ]/[fry]→[フライ]/[fly]，因此 [天ぷら]/[てんぷら]=[フライ]/[fly]。[天ぷら]/[てんぷら]→[フライ]/[fry] 是因为语义相同，而 [フライ]/[fry]→[フライ]/[fly] 是因为语音相同。「殉職」原是指人的"因公牺牲"，流行语的「殉職」转义为"自己心爱的用旧了的东西坏了"，同指"失去"，但是由"人"的"失去"转到了"物"的"失去"，可以说是把自己心爱的东西拟人化了。喻体是「殉職」，喻底是"失去"。日语词汇「木魚」原意指佛具"木鱼"，流行语的「木魚」转义为"愚，蠢"，由木鱼的"空，无物"而来，喻体是「木魚」，喻底是"愚，蠢"。「円周率」是"圆周率"之意，流行语的「円周率」转义为"很长"，用喻体圆周率的"无限"来跨域喻指本体的"长"，如：「校長の話、まじで円周率」意为"校长的话真是太长了"。「業務用」原意为"业务用"，流行语的「業務用」转义为"超乎寻常的大"，用喻体「業務用」的"大"来跨域喻指本体的"大"。「東京」是日本的首都，流行语的「東京」转义为"冷淡的人"，在日本，东京人待人冷淡，因此就把待人冷漠之人称之为"东京"。「流れ星」原意为"流星"，流行语的「流れ星」转义为"多次留级的人"，用天空中不停地有流星"降落"这一现象喻指学生的"留级"。「視聴率」原意为"收视率"，流行语的「視聴率」转义为"学生的出勤率"，用"看电视的人数"喻指"学生听课的人数"。

以上这些完全音同形同义异的词汇都是以原有词汇的某一特征为基础来跨域喻指，创造具有新意义的词汇，这种造词法简洁明了，能让人迅速意会并广泛流传。

（三）语音仿拟（Phonetic Parody）

日语流行语中存在大量的"语音仿拟"现象。"仿拟（Parody）主要指通过模仿现有的短语、句子或篇章，改动其中部分词语或语序，为创造特殊效果而造出的。这种辞格也可通过语音手段来实现，通过套用或改动现有表达中的语音来造出新的词语，这就叫语音仿拟（Phonetic Parody）。"语音仿拟简单地说就是语音层面上的隐喻，它是通过模仿现有的短语、句子或篇章（其中多数为成语、惯用语等）来实现在语音层面上的跨域映射

的 ①。具体说来，语音仿拟多数是改动其中的一个或几个读音创造出来的。改动之后的短语、句子或篇章在形式上、结构上与原词保持一致，但在意义上已经转义。如：流行语的「鬼に鉄棒」来自于惯用句「鬼に金棒」，惯用句「鬼に金棒」是"如虎添翼"之意，流行语的「鬼に鉄棒」转义为"即使看上去什么都会的人，也要试一试才知道其能力"，它是用一个象征单位 [鬼に金棒]/[おににかなぼう] 激活了另一个象征单位 [鬼に鉄棒]/[おににてつぼう] 来创造出来的。流行语「思い立っても近日」来源于惯用句「思い立ったが吉日」，它是由本体「思い立ったが吉日（哪天想做，哪天就是好日子）」引出喻体「思い立っても近日（哪天想做，那天不一定做）」而推演出来的，两者语音及结构都很相近，别具一格。流行语的「檻入り娘」来自惯用句「箱入り娘」，它同样是用一个象征单位 [箱入り娘（藏在深闺的闺秀）]/[はこいりむすめ] 激活了另一个象征单位 [檻入り娘（过分娇生惯养）]/[おりいりむすめ] 创造出来的。「檻」是"笼，围子"，「箱」是"箱子"之意，一个是放在箱子里的女儿，一个是放在笼子里的女儿，两者音节相同，对应的物品也很相似，且读起来琅琅上口，可谓是绝妙的语音仿拟。可以看出对「檻」的选用也十分得当，这说明"本体对喻体的选用也起着十分重要的作用"。还有流行语「小秋日和（こあきびより、八月里凉爽的天气）」源于「小春日和（こはるびより、十月小阳春）」；流行语「十中八苦（じっちゅうはっく、十有八九自己会陷入苦难境地）」源于「四苦八苦（しくはっく、千辛万苦）」；流行语「他人行司（たにんぎょうじ、犹豫不决，听从别人的安排）」源于「他人行儀（たにんぎょうぎ、见外，多礼）」；流行语「他給他足（たきゅうたそく、完全依靠他人）」源于「自给自足（じきゅうじそく、自给自足），此处不再一一赘述。

以上分析可以看出，语音仿拟是在现有的短语、句子或篇章的基础之上稍作改动来创造新词汇的，可见，语音仿拟在新词汇、新语言的产生过程中起着重要的作用。通过语音仿拟手段，不仅能够迅速创造大量的日语流行语，而且其所形成的表达生动、新颖、形象、幽默，常常能起到特殊的语用效果。

隐喻是人类认知世界的重要工具，是由两个不同的概念通过相似性的相互映射，把一事物比拟成与它有相似关系的另一事物，即以此喻彼。语音隐喻顾名思义就是指语音层面上的隐喻，是任何语言都具有的重要文化现象。日语流行语中的语音隐喻现象是借用日语的音和义，用同音或近音、近义的方式表达另一种意义的方式。在语音隐喻创造新词汇的过程中，人们依赖的是人类的经验、范畴、概念、知识、推理等认知手段，它的产生是由于人的大脑的某个区域的被触动或是语言表达的需要，激活了大脑中的认知模型，通过语音象似性找到某种可替代的语言符号来创造新词汇或是替代旧词汇的。其中创造的很大一部分新词汇，不是对新事物的表达，而是用新词汇重新表达旧事物，使其具有"隐语"的性质。如日本表示头发稀少之意原本有「禿（はげ）」、「禿げ上がる」等词，而表示头

① 李战子. 语气作为人际意义的"句法"的几个问题 [J]. 外语研究 ,2002.

发稀少的流行语「毛荒れスミス」就具有很强的隐语性质。

语音隐喻产生的背后，与人们与生俱来的认知机制、所处社会的文化背景、历史渊源、语言机理等密不可分，它更强调认知主体与认知语境的相互作用关系，只有大脑中长期形成的概念化、图示化了的知识结构与认知主体共同发生作用，新词汇才能得以确定、得以流行，否则新的词汇即使产生也会立刻消亡的。

第六节　日语实验语音学中实验仪器的简介

从实验语音学角度研究日语发音的规律实验仪器是必不可少的工具之一。通过实验仪器测量得出一致的发音规律，对语音的产生、语音的物理特性等进行多角度的分析，从而解释日语中特殊音位的发声规律。通过这种方式学习者可以轻松地理解日语特殊音位的发音规律，节省更多的日语学习时间，从而掌握更多的日语知识。从实验语音学的角度研究特殊音位的规律特征便于学习者行之有效地掌握外语，同时也希望对今后的日语教学起到一定的推进作用。

一、Adobe Audition 的录音操作及介绍

采样率与采样精度的设置。采样率越高，声音的质量越高；采样精度决定了记录声音的动态范围，位数越高，声音的保真度越高。但是考虑到存储空间和语音信号的特点，在本论文中把录音的采样率设置为 44100Hz 和 32 位的采样精度，这与参照的标准音频的采样率及采样精度相同。如果需要录制两个不同的信号源，则使用立体声，否则都是单声道。

Adobe Audition CS5.5 是一个专业的录音及音频编辑软件，它的前身是 Cool Edit Pro，音频和视频专业人员常把它用于后期制作等方面。Adobe Audition 音频处理软件在本论文中主要用于音频的录音、截取以及降噪除杂等方面，必要时可用于录音。把波形调至屏幕最大化，以尽可能地确保其准确度，即从单词的波动处开始到波动即将消失处，每个标准发音单词及录音单词亦是如此截取。然后将其保存输入至 praat 音频处理软件中进行进一步分析。

二、Praat 语音分析软件

Praat 语音分析软件由阿姆斯特丹大学研发。主要功能如下：

第一、录音；第二、去除背景噪音；第三、多轨录音合并功能，如果用它来录制音乐；第四、随意剪辑；第五、几乎可以完成所有语音分析，并能通过插入编程代码执行复杂的自定义数据分析运算。

（一）主要参数表及参数设定

Spectrum：频谱。

（1）宽带语图（适用于元音、辅音）View range：男 0 ~ 5000Hz 女 0 ~ 5500Hz 儿童：8000Hz 以上（一般而言，女性的音高比男性的高，童声的音高比成人高）

（2）窄带语图（声调、语调）View range：男 0 ~ 1200Hz 女 0 ~ 2000Hz

（二）观察语图

为了能够清晰地观察语图，可以调整显示窗口的高度和宽度，以达到最佳的观察效果。"all"按钮在当前窗口中显示全部信号的语图。"in"按钮是 2 倍放大时间坐标轴；"out"按钮是 2 倍缩短时间坐标轴；"sel"按钮是在当前窗口中显示您所选择的那段信号。

（三）IBM SPSS Statistics 22.0 数据统计分析软件的简介

IBM SPSS Statistics 22.0 统计分析软件是当今世界最优秀的统计软件之一，也是当前的最新版本。IBM SPSS Statistics 22.0 统计分析软件提供了与多种应用软件的接口，支持多种格式的数据文件，例如在本论文中常常会用到 EXCEL 把各类数据统计到 EXCEL 表格中，然后在 IBM SPSS Statistics 22.0 统计分析软件的菜单中导入并打开，完成数据的编辑、制图以及分析等操作，因此，它可以很方便地衔接到笔者的录音、截取音频、处理音频、统计数据以及制图分析等思路中，这也是笔者选择 IBM SPSS Statistics 22.0 作为制图分析软件的原因之一 [1]。散点图在本论文中是必不可少的一种分析数据的图形，所以笔者对散点图的作图过程做了简单介绍，步骤如下：

（1）首先将 Adobe Audition 和 praat 截取测量出来的数据在 EXCEL 表格中保存为 *.xlsx 或者 *.SAV 文件格式，然后导入 IBM SPSS Statistics 22.0 软件中。

（2）在菜单中的图形下选中图形画板模板选择程序，在基本选项卡中选中左侧的两个变量、从右侧可用图形类型直观表示图中选中散点图，在标题处输入所需要的标题处，其他选项即可，然后点击确定。

（3）在 IBM SPSS Statistics 22.0 查看器中会出现我们所需要的散点图，并且通过点击鼠标右键进行图形的编辑坐标轴刻度，直至简单易懂即可。

因为平均值不能很好地表现整体的分布情况，所以就看不出两组数据的差异。因此在笔者论文中还有一个必不可少的步骤就是独立样本 T 检验，所谓的单样本 T 检验是将个体变量的样本均值与假定的常数相比较，通过检验得出预先的假设是否成立的结论，包括单一样本 T 检验、配对样本 T 检验以及独立样本 T 检验。在本论文中会常会用到独立样本 T 检验，即用来比较两组样本数据的平均值有无差异。在 T 检验的统计中会计算出 sig 值（P 值），P 值代表着显著性的意思，也就是说平均值是在百分之几的概率上相等的，它对 T 检验至关重要。

---

[1] 王忻. 新日语语法时体态语气 [M]. 北京：外文出版社,2001.

第七节　汉日语音中超音段成分对比及对日语音教学

本节就汉日语音中超音段成分进行对比分析，预测了日本学生学习汉语声调的学习难点。文章从音高和音长的对比展开，汉语音高主要体现为声调，日语音高主要体现为重音。宏观上，汉语声调是语音系统的重要组成部分，是音位区别特征的体现；日语重音则是约定俗成的，是区别词界的语音要素。

20 世纪 80 年代，一方面，第二语言习得中对比分析理论和偏误分析传入中国；另一方面，随着对外开放程度的提高，学习汉语的日本人逐渐增多，与此同时，教学实践中产生的语音问题也亟须解决。理论和实践的双重条件孕育了汉日语音对比及对日语音教学问题的研究。不少学者结合自己的教学实践分别对汉日元音、辅音、音节等方面作了详细的对比，针对教学重点和难点给出了自己的教学对策。

许余龙在谈到超音段成分的语音对比时曾说过："超音段音位对比的目的，就是要比较这些超音段语音现象在不同的语言中表现的形式、涉及的范围、发挥的功能等有什么不同。"据此，本节主要选取汉语和日语语音中最重要的两个超音段成分——音高和音长，从宏观（语言系统）和微观（物理属性和音高模式）两个角度，比较它们的表现形式、存在范围、主要功能，以期更深入地认识两种语言的语音特点。

一、音高对比

（一）音高与语言系统的关系

音高在汉语中主要体现为声调。作为一种声调语言，汉语的声调在语音系统中所起的作用和辅音、元音的作用是同等重要的。例如普通话的 /ba/ 是由辅音和元音构成的 CV 型音节，如果不考虑它的音高，就很难确定它究竟代表什么意义。/ba/ 这个音节的阴平是"巴"，阳平是"拔"，上声是"把"，去声是"爸"，声调在区别意义上起着至关重要的作用。

音高在日语中主要体现为アクセンタ，即英语 accent 的音译词。日语学术界一般把这个词的中文术语翻译为"重音"（天沼宁、大坪一夫、水谷修，2000）。重音与声调虽同作为音高形式影响语音，在某些方面是相同的，但二者却有着本质的区别：

1. 存在范围不同

汉语的声调仅存在于词这一层结构单位中，而日语的重音存在于词和大于词的语言单位中。声调主要关联语言中的词汇子系统，而重音关联着词汇和语句两个层面的系统。

2. 稳定性不同

汉语声调固定存在某个词中，大多数词只有一个对应的声调。有少数多音字是一个字对应两个或多个发音（声调），但发不同的音，词性不同，意义也不同。比如"好"，读上声时是形容词，泛指一切美好的事物，也可表示应允；读去声时是动词，表喜爱之意。

3. 主要功能不同

汉语声调的主要作用是区别词义，如"山西"[ʂɑn55ɕi55]和"陕西"[ʂɑn214ɕi55]，第一个音节的声调不同，两个词的意义就完全不同。除了区别词义，音高在汉语中还具有语法功能。有些轻声音节具有区分词性和区别句法结构的作用。"大意"这个词不读轻声时是名词，指大体意思，读轻声时是形容词，是疏忽之意。"东西"不读轻声时是"东"和"西"的组合，是词组，读轻声时是名词，指物品。

重音与声调的上述差别使得汉语和日语归属到不同的语言类型，汉语是声调语言，日语是非声调语言。这并不是说日语音节没有高低升降的音高变化，只是这种变化并不能与音节的所指紧密联系，形成区别意义的主要特征，更别说归纳为广义上的音位，即"调位"。而日语的重音是"……约定俗成的，重读音节突出的程度当然也是相对于非重读音节而言的"。重音是构成日语语音模式的基本要素，而非区别意义的音位特征。

（二）音高幅度及形状对比

音节的高低升降在汉日语言中对各自语音的特性都有影响。即使一个不懂汉语和日语的外国人，也能听出汉语的乐感和日语的节奏感来。以汉语中的声调分析为主要依托，分析日语重音的调域和节奏，我们就能找到两种截然不同的语音特色背后的成因。

"声调的音高主要决定于基音的频率。从声调的最低音到最高音是基频的变化范围，也就是声调的调域"。通过对汉语四个声调和日语高低调基音频率的测量，可以得出两种语言在声学上的音高变化范围。汉语声调的声带音基频平均数表明，其高与低的幅度为110Hz ~ 220Hz，而日语则为90Hz ~ 170Hz（参考值）。但事实上，声调的音高变化并不是绝对音高变化，而是相对音高变化。

二、音长特征对比

声调中最明显的要素是音高，其次就是音长。冯隆在《北京话语流中声韵调的时长》中的调查结果显示：在句中测量汉语声调时长时，阳平（259ms）＞上声（249ms）＞去声＝阴平（248ms）；在句末测量时长时，变成上声（335ms）＞阳平（320ms）＞阴平（274ms）＞去声（268ms）。可见在句末时汉语声调的时长差距更为明显。声调时长并不决定音节的意义，但在汉语学习中如果发的太短或太长，往往给人不纯正的感觉[①]。

日语的音长主要体现在长元音与短元音的对立上，它是语音系统中重要的区别特征。其主要功能在于区别词义，次要功能是表达语气。

日语里发长音的情况有以下几种：①当平假名あいう跟在あいう段音节后，如おかあ

---

① 彭宣维. 功能语法导论 [M]. 北京：外语教学与研究出版社,2010.

さん（母亲）、ほしい（想要）、たいふう（台风）；②え段假名后续假名"い"，读成长音 [e：]，后续假名え时，也读 [e：]，如とけい（表）；③お段假名后续假名"う"，读长音 [o：]，后续假名お时也读 [o：]，如そうじ（打扫）、とおい（远）；④英语进入日语的音译词如果有长元音，大多原封不动变成日语的长元音，用符号"一"来表示。如キー（钥匙）、コーヒー（咖啡）。

三、对日语音教学

初级阶段日本留学生学习汉语时没有声调意识，或对声调的区别意义认识不强烈。这就需要教师强调四声在汉语中跟日语的长短元音一样，是对立的、不可混淆的。日语调域窄，发音的音高幅度变化小。而汉语声调要求发阴平时要起点高，发上声时要先降后升，其中升的幅度比降的幅度大，发去声时要骤降，从最高到最低。因此，日本留学生学习汉语语音可能发阴平时起点低，上不去，发成中平调33或半高平调44；发上声时降下去就不会上升了，抑或上升的幅度小、时长短；发去声时起点低，下不去。

对日语音教学应注意的问题：

日语重音中，前一个音高，下一个音肯定低，反之亦然。日本学习者在这种高低型的节奏语言影响下，对汉语双音节或多音节中两个同调类的读音很容易发成一高一低或一低一高：

阴平 + 阴平：今天、开心、西瓜

阳平 + 阳平：回来、难得、原来

上声 + 上声：好晚、领导、老虎

去声 + 去声：现在、过去、放弃

词重音问题：在发双音节词"中重型（中长型）"的"学校、木材、锻炼"时，如果后一个音节是去声，日本学习者可能由于降不下去，导致时长也不够，发出的音不仅不纯正，还会造成意义上的误解。

掌握了上述问题，再进行三字组和四字组的教学。这种方法我们认为是具体可行的，既利用了母语对目的语的正迁移，又能为学生建立一个对汉语声调组合认识的框架，从而达到举一反三的目的。

第三章 日语语言的语法研究

第一节 日语、西语语法共性比较研究

日语与西语都是国内与国际学习人数较多、较为热门的语言，两者与汉语、英语的亲缘关系较远，造成了中国学习者对其掌握有一定的难度。从语言正迁移的角度对日语与西语进行比较研究，探究其相似之处，有助于深入理解其语言特点，有助于提高这两门小语种的学习效率与质量。通过对日语、西语语法上的共性进行探讨，发现两者的共同之处有：有独特的"对象语"思维、注重"有情物"与"无情物"的区分、严格区分主观与客观、注重性别区分。

所谓"正迁移"，是指如果已掌握语言的语言规则和所学语言是一致的，那么已掌握语言的规则迁移会对目标语有积极的影响。"正迁移"的本质，是利用两种语言间的相似之处，将已掌握语言的部分知识系统地投射到待掌握语言中去，从而化陌生为熟悉，化未知为已知。

就母语使用者数量而言，日语为世界第六大语言。西班牙语是联合国六大工作语言之一，也是当今世界上应用最为广泛的语种，被 30 多个国家定为官方语言。因为语言亲缘关系较远汉语母语者中，以英语为第一外语者学习西语和日语，或已会西语和日语中的一门而学习另一门时，都有一定的难度。充分利用"正迁移"，显著提高掌握一门外语的效率与质量，这已为许多实践所证明。本节对比日语与西语在语法方面的相似点，力图同步促进两者的学习。

一、独特的"对象语"思维

日语与西语表达"喜爱"之类有对象的心理活动时，与汉语、英语的表达方式有很大区别。如汉语说："我喜欢这只猫"。英语说："I like the cat"。都是"主语＋谓语（及物动词）＋直接宾语"的结构，主语都是人，是喜欢者，被喜欢物都是宾语，喜欢是动词。但西语中表达同样的意思时，用下面的形式：

（1）Me gusta el gato。其中，"me"是第一人称代数代词的间接宾语形式，"gusta"是"gustar"（义为"令人喜欢"）的第三人称单数直陈式现在时变位，"gato"是"猫"，

在这里是后置的主语。所以西语这句话直译的话，就是"对我来说，这只猫令人喜欢"。与英汉对比可以发现，句子结构变为了倒装的"间接宾语＋谓语（不及物动词）＋主语"的形式，喜欢者由主语变成了间接宾语，喜欢仍是动词，只不过由及物动词"喜欢"变为了不及物动词"令人喜欢"，被喜欢物由宾语变成了主语，成为动作的发出者。

这一独特的思维方式，与日语如出一辙。日语表达"我喜欢这只猫"用下面的形式：

（2）わたしはこの猫がすきだ。"わたし"是"我"的意思，"は"是话题助词，"この猫"是"这只猫"，"が"是焦点助词，"すきだ"的意思实际上是"令人喜欢"。日语中在表达"喜欢"时，被喜欢物之后是不用宾格助词"を"的，而是用焦点助词"が"，一般把"が"之前的被喜欢物叫作"对象语"。"が"在日语中，前面可以接主语或宾语，实际上这里的"对象语"是一种特殊的主语。而"は"是话题助词，其前面不一定接主语，主语、宾语、补语、状语等各种成分都可以接，作为话题，实际上这里的"わたし"（我）正是西语中的间接宾语，表示"对……来说"。所以日语这句话可以翻译为："对我来说，这个房间令人喜欢"。

日语与英汉的同义句相比较，与西语发生了非常类似的变化：喜欢者变成了间接宾语，被喜欢物变成了主语，喜欢由及物动词变成了日语中所谓的"形容动词"；表示状态——很多外语中的动词，到日语中都转为了表示状态的形容词（或形容动词）。日语、西语中，类似的结构还有很多，如：

（3）彼女は料理が上手だ。

（4）A mi marido le encanta la música.

二、注重"有情物"与"无情物"的区分

日语中，将有感情的人、动物称为"有情物"，将没有感情的植物、与生命物体等称为"无情物"，严加区分，连常用词都有区别①。如说"在"，有情物"在"某处和无情物"在"某处，所用的词不一样。如：

（1）先生は部屋にいる。

（2）携帯は部屋にある。

有情物"在"用"いる"，无情物在"ある"。

他动词句的主语，一般只能是有情物，而不能是无情物。如日本人一般是不会说例（3）这种句子的。

（3）＊台風はビルを倒す。

因为"倒す"（义为"使……倒下"）是"他动词"（类似于"及物动词"），而"台风"是无情物，是不能作他动词句的主语的。表达"台风吹倒了楼房"这一意思，日本人通常用相应的自动词句。

---

① 刘丽红，浅议语文基础对英语学习的影响，语文建设，2014.11.

（4）台風でビルが倒れる。

"倒れる"（义为"倒下"）是"自动词"（类似于"及物动词"），并不要求主语必须为有情物，所以这种句子是合法的。

除此之外，在传统的日语中，被动句的主语只能是有情物，而不能是无情物。

（5）李さんは踏まれった。

（6）＊石は踏まれった。

例（5）是不正确的，因为"石头"是无情物，不能做被动句的主语。这充分体现出日本人对"有情 - 无情"这一范畴的极度重视。

恰巧的是，西语中注重的也是"有情物"与"无情物"的区别。例如，西语中的及物动词，如果其宾语不是人或动物——即是"无情物"的话，及物动词就直接连接宾语；如果其宾语是人或动物，即是"有情物"的话，就必须先在及物动词后加上一个介词"a"，再连宾语。

（7）Jorge llama a María.

"llamar"意思是"喊"，通常是及物动词，但因其宾语为人，是"有情物"，所以必须加上介词"a"。

三、严格区分主观与客观

在汉语中，说"我吃饭"时，存在诸多歧义，可以表示我已经吃过饭了，或我正在吃饭，或我想要吃饭。前两种情况是现实，而第三种情况仅存在于说话者头脑中，是主观的。汉语中，不存在专门的语法系统来明确区分客观现实与主观情况。日语与西语中都存在表达主观想法的专用语法手段。

日语中动词的"意志形"是用来表达主观意愿的专用语法形式。

（1）仆も行こう。

"行こう"（要去）就是动词原形"行く"（去）的意志形。从词的形态上对表示客观现实与主观情况进行区分。

西语的语法手段是"虚拟式"。西语中的虚拟式是通过独特的动词变位来实现的。

（2）Quero que dejes de fumar.

此时，言说者对从句"dejes de fumar"（你戒烟）只是一个主观愿望，对其是否能戒烟并没有把握。

四、注重性别区分

西语中具有英语中不具有的一个重要语法范畴——性范畴。西语中的名词一般都有阴阳性的区别。如 chico（男孩）为阳性，chico（女孩）为阴性，radio（收音机）是阴性，mapa（地图）是阳性。

与名词有关的一些词也都具有性别区分。如冠词、人称代词、指示代词、形容词等，兹不赘述。

日语重视性别区别，体现在男女两性用语的不同，这主要体现在男女两性称谓语与终助词使用的性别区分上。

有一些称谓语一般是男性使用的。如"おれ""ぼく""わし"。

另有一些称谓语通常为女性使用，如"あたし""あたしさま""あたくし""あなた""くん""わらわ"。

日语的一些动词也有明显的性别特征，为男性或女性专用语。如ぞ、な为男性专用语，わ、かしら为女性专用语。

通过日语中的这些性别标记，就可以轻易推断出说话者的性别。

第二节　日语对汉语语法的影响研究

语言接触中常常发生语言互相影响的现象，这主要表现在词汇方面的影响，但毫无亲缘关系的日语和汉语，长期在语言接触中，汉语不仅大量受日语借词，而且日语的助词、时制、语序也影响着汉语语法的一些领域，增添和丰富了汉语的词构成和语法的表现方式。这表明语言接触中产生的语法影响，不仅仅是涉及词汇的构成，也是影响着句子的表现方式。

目前日语对汉语语法影响的研究，在词法研究方面的较多，即日语对汉语句法的影响研究甚少，处在几乎没进行研究的状态。这就说明在日语对汉语影响研究中，学者们注重的是日语对汉语词汇的影响方面，而忽视日语对汉语语法的影响方面。日语借词的传入使汉语增加了新的语法内容，日语借词在词素化、语法化等方面开始对汉语产生影响。日语对汉语语法的影响主要涉及范围是词类缀、语素构成、时制、语序等方面，这是目前我们应该探讨的课题。

一、日语类词缀的影响

日语类词缀对汉语的影响问题，首先我们理解汉语的类词缀的含义和特性及结构构成。

汉语引进日语词缀，必须符合汉语的语法结构，才能和汉语词汇相结合构成能在汉语中使用词缀，这些词缀通过加工和虚化有的用词缀来使用，有的没完全虚化只能用类词缀来使用。这样首先了解汉语的类词缀的构成和特点，才较好理解日语对汉语类词缀的影响。

（一）汉语类词缀

汉语是没有形态变化的语言，这一不同于日语，就是说汉语的名词没有格，动词没有时态，但日语是有形态变化的语言，名词有格的变化，动词也有时态变化。虽然汉语没有格变化、动词没有时态变化，但汉语也存在词类，且一个词语有多词性现象。

对汉语的类词缀研究真正的意义来说，是从吕叔湘开始。吕叔湘在《中国文法要略》一书中把类词缀称作"近似词尾"的成分，后来汉语的深入研究和汉语的发展，吕叔湘才明确解释"类前"和"类后"的含义问题[①]。吕叔湘认为："汉语里地道的语缀并不很多，有不少词素差不多可以算是前缀或后缀，然而还是差一点儿，只可以称为类前缀和类后缀。"吕叔湘的论述对类词缀的研究具有开创性、指导性的作用，已经明确讲述类词缀的含义和特征。

学者们多年来认为汉语在语法化的过程中，存在不是词根也不是词的、处在词根和词中间的过渡状态的单位，有些人叫作"中间状态"，这就是类词缀，汉语的类词缀就是介于词根与词之间的一个语法单位。

学术界认为类词缀应具有词义虚化、类化、能产、定位粘着等特征，其中类词缀的主要特性是"定位粘着"，一个词根语素已不能独立成词，变成了"粘着语素"，构词时位置在前或在后，有定位粘着性。

从中我们可以肯定汉语确实存在类词缀，汉语的类词缀是有实际性意义的词，经过长期的语法化过程中形成的。

（二）日语类词缀

日语词缀起初有一些实际意义，但后来通过语义模糊和虚化，以及其他词语结合起来创造新词。在汉语语素研究中发现的许多汉语语素属于类词缀。类词缀的语法单位（指语素）可进行自由地运用，汉语受容日语词缀，生产大量的新词。

孤立的语言是缺乏形态变化的，汉语属于孤立的语言，因此形态变化的缺乏，汉语词缀甚少。在汉语和日语的长期的接触中，日语借词的引入促进了汉语词的缀化，并提高了汉语的能产能力，逐渐导致汉语词的缀化，促进汉语词缀化的进程。

附加在词根上的构词成分是词缀，常见的有前缀和后缀两种，它通常是一个虚的成分，在词根前面的叫做前缀，汉语本身的词缀较多，比如"小~、老~、第~、初~"等，在词根后面的叫作后缀，如"~者、~子、~头、~儿"等。在现代汉语中这几个词缀的位置一般是固定，而且具有很强的构词能力。

从近代开始，日语的很多词缀吸收在汉语，生产出很多词汇。比如，日语的词缀"化、性、界、率、力"等词缀引进到汉语，丰富了汉语的词汇。现在这些词缀已经广泛使用，并形成新的语义，显示出日语日益提高的趋势。

目前在日本大量创造的新词基本源于类词缀。类词缀指功能与词缀相似并且不断向词缀演化的构词语素，这种语素有向词缀转化的倾向，但与词缀不同，语义还未完全虚化，其读音保持不变，是介乎词根和词缀之间的语素，这一阶段便属于类词缀。例如，从日本吸收"族"，构建了一些"族"作为后缀词的"暴走族、御宅族、宅男一族、宅一族、被

---

① 于爱波. 高职日语教学中日语能力考试的功能和作用研究 [J]. 现代职业教育.2015（25）.

宅族、打工族、理性一族"等，"族"已成为汉语中的语素。

后缀外，汉语引进不少日语的前缀"超""反"等，构造出"超情感、超裙子""反社会、反帝国主义"等词。还有"宅"类词缀是由日语中的"御宅"引申而出，御宅（お宅）在日本原指热衷及博精于动画、漫画及电脑游戏的人，而传入中国后还引申出了其他意思。这些都是在日语借词的基础上直接或间接模仿翻译出来的。

上面看出，前缀和后缀是已经过高阶段语法化的构成词汇的成分，而类词缀则没经过高阶段语法化的、正在进行语法化过程中的构成词汇的成分。但在现代汉语中，哪些构词语素是高度语法化了，哪些是正在语法化过程中，还需重新梳理和研究。满足日语类词缀的条件和汉语类词缀的条件基本相似，是因为日语类词缀输入到汉语体系中，必须符合汉语结构的构成规律，经受汉语体系的验收，才能在汉语中使用，要不然不能受到汉语类词缀的待遇，不能再汉语中充当类词缀。

二、日语助词的影响

日语有表示格范畴的格助词。日语不同的格形态主要用来表示语法关系，比如句子中词之间的关系以及词与句子的关系。这一点与没有格范畴的汉语不同的一面。

中国人不陌生日语助词"の"，日语助词"の"传入汉语后人们普遍当作"的"来理解，已成为中国人比较熟悉的日语助词。日语"の"是领格和主格助词，接体言或相当于体言的词，表示句子的定语或主语，相当于汉语的"的"。

现在日语助词"の"对汉语的影响很大，我们在一些商标上经常可以看到"優の良品""鲜の每日 C""文化の屋""智能の茶"。有些商家为了吸引顾客，店名里面也会加个"の"，书店名叫"猫の天空之城"，水果店的名也叫"水果屋の家"。这都是日语助词对汉语的影响。在这里"水果屋の家"中"屋"和"家"的意思是都是"店"，重叠使用同样的意思是"の"的参与有关。"水果屋"是日本式的词汇，在这里加"家"的话必须中间加"の"，才组合成词。在这里要关注的是日语的「店（てん）」、「屋」（や）、「みせ」，在汉语都作为"店"。

"屋（や）"是日本称呼"店"的时常用的词，也是日本类词缀的影响，"屋"与其它词相结合造成很多词汇[①]。屋（や），在日本表示商店的普通用语，指商店都用「屋」来表示如：日语的"屋"和其他的词相结合生产出许多的词汇。如：「料理＋屋 -- 料理屋（りょうりや）」、「文房具＋屋 -- 文房具屋（ぶんぼうぐや）」、「電気＋屋 -- 電気屋（でんきや）」、「床＋屋 -- 床屋（とこや）」、「本＋屋 -- 本屋（ほんや）」、「靴＋屋 -- 靴屋（くつや）」、「宿＋屋 -- 宿屋（やどや）」、「呉服＋屋 -- 呉服屋（ごふくや）」、「果物＋屋 -- 果物屋（くだものや）」、「八百＋屋 -- 八百屋（やおや）」、「肉＋屋 -- 肉屋（にくや）」、「魚＋屋 -- 魚屋（さかなや）」、「カメラ＋屋 -- カメラ屋（や）」等。

---

① 于爱波.有关高职日语教学方法的创新思考[J].现代职业教育.2015（28）.

"店（てん）"，对西洋品的一般说法，是最近兴起来的。如：「喫茶＋店 -- 喫茶店（きっさてん）」、「書＋店 -- 書店（しょてん）」、「商＋店 -- 商店（しょうてん）」等。

当然"みせ"用于「このみせ」、「あのみせ」等外，很少作复合词，只有"ちゃみせ（茶店）"一词。在日本「喫茶店」一词广泛使用，「茶店」一词一般很少有人使用。中国人使用日语助词"の"，创造出很多词汇，丰富汉语词汇和词汇构词法。

三、日语时态的影响

汉语是没有时态的语言，日语在形态上存在时态，这些时态存在于句子的各个部分。"时态"，在现代日语中称为"時制"，是指表示时间的语法形式。

汉语受了日语语法的参透和影响，大量使用日语表示时态的"中"，这是汉语中的语法化现象。如：

（1）虽然今天是节日，但很多商店都不休息为盈利而正常营业中。

（2）大型城市综合体，全城超值发售中。

（3）抢到手软百度钱包理财高收益定期发售中！

（4）大卡车正在修理中。

日语时态的误用现象，我们还可以见到在汉语中的语法化现象。中国人借用日本的日语时态，广泛使用"休息中""准备中""营业中"等时态形式。这都是汉语受到日语时制的影响，汉语的时态进行语法化的现象。这种表现也符合中国人的语言心态和生活习惯，因此在汉语中进行时态的表达方式普遍都用"～中"，表示正在进行某项动作或行为。现在不拘束在"休息中""准备中""营业中"等几种用法，大量使用"放送中、修理中、授业中、持括中、修整中、修理中、授业中、调整中、会议中"等时态用语。这都是日语时制语法形式对汉语时态的影响。这种对汉语时态语法化的影响，会引起人们的重视和关注。

四、日语 SOV 语序的影响

世界上的语言也可以根据语序来分类。汉语是 SVO 型语言，日语属于 SOV 类型。汉语和日语的语序截然不同，日语怎么影响汉语语法，这是值得我们研究的问题。

汉语是以"主语 -- 动词 -- 宾语"顺序来表达意思。汉语是缺乏词形变化的孤立语，一个词在句子中属于什么成分，不靠以语法的形态标志来判定，全靠语序来确定每个词在句子中的作用，改变词的顺序的话意思相反，因此汉语的语序非常严格，汉语句子中语序不可改变。

日语语序与汉语不同，它的基本型为"主 - 宾 - 谓"，即主语位于句子前面，谓语位于句子末尾，同汉语相比，日语语序是比较自由的，随意放置句子成分，句子意思几乎没受到影响。

日语借词明显地带有日本固有 SOV 语序的特征。汉语引进日语借词时不考虑日语 SOV 语序，把整个词汇作为一个词来使用的，就是不管词的结构怎么构成，把整个词当成表示一种观念的词汇来接受使用。

我们通过汉语中的"洗手间"的衍变，可以了解日语语序对汉语的影响。汉语中的"洗手间"一词的结构就直接受到日语「お手洗」的结构影响。日语「お手洗」的构词方法不同于汉语的"洗手间"，宾语"手"放在动词"洗"的前面，这是因为日语的宾语总是放在谓语的前面。「お手洗」传入汉语后，受到汉语"谓—宾"语序的影响，"手"移到了"洗"的后面，就成了现在的"洗手间"。这是日源借词受到汉语语法同化的结果。

这表明一种语言的语序也可以变化的，但语序的变化需要很长的历史时间，也在语言发展的某一过程中语言相互间的碰撞和参透，会导致语言语序的变化。

五、结语

日语对汉语语法的影响主要通过词的构成和词形变化、一些语法单位的构成和变化，对汉语进行影响，但涉及范围只在词类缀、语素构成、时制、语序等方面，没有涉及汉语的整个词汇构成和整个语法体系的范围。日语对汉语的影响逐渐扩大。日语对汉语语法的影响使汉语增加了新的语法内容。近年传入的类词缀在语素化、语法化等方面开始对汉语类词缀产生影响，同时日语的助词、时制、语序也影响着汉语的词结构和语法，还较多地参透和影响着语言使用的多方面，这是我们应该重视和探讨的问题。

第三节　中国学者的日语语法化

日语语法化的研究是当前日语语言学研究的一大热点。中国学者对此进行了一定程度的探索，并取得了一定的成果。从中国学者的日语语法化研究现状的分析，到中国学者在该领域研究特征的阐释，可以看出中国学者的研究虽然整体上稍逊于日本学者，但是他们可以发挥自身的优势，借鉴汉语语法化的研究成果进行日汉语语法化的对比研究，不仅能为丰富语言类型学的研究做出贡献，还可为日语教学提供理论指导。

语法化（grammaticalization）是语言学的重要研究课题之一，一般认为最早提出其概念的学者是法国语言学家 Meillet，通常是指语言中意义实在的词转化为无实在意义、表语法功能的成分这样一种过程或现象。从其定义观之，语法化具有双层含义：其一，语法化作为用来解释语言现象的一种研究框架，其主要内涵是指关于语言演变研究的部分。其二，语法化作为一种实际语言现象本身的解释术语，其主要内涵是指凭借特殊项因时间的推移而转变为更具语法性的演变步骤及过程。一般而言，语法化的研究在西方研究相对较早，而作为东方的日本和中国的语法化研究主要来源于西方的研究，其概念、理论、方法论大多出自于欧美，主要表现在英语的语法化研究。日语语法化研究主要是日本学者研究欧美语言的时候引进到日本的学术领域。比较早将英语语法化的理论引入日本的学者有山梨正明、松本曜等。后经不断地吸收和发展，渐渐运用到日语语法化的研究中来，就逐步形成了日语语法化研究重要构架之一[①]。特别是近 20 年来，运用语法化理论对日语进行研究的热潮方兴未艾，比较典型的学者有大堀寿夫、金水敏和三宅知宏等*。相对于日本学者在该领域的研究，中国学者也在该方面进行了相应的探索，并结合日语和汉语的异同，借鉴汉语语法化的研究成果，站在不同的研究视角，采用各异的研究方法，呈现出中国学者在日语语法化研究方面的特色。

一、中国学者关于日语语法化研究的状况

随着日语语法研究的进展和深入，借鉴英语语法化研究的成果，参照日本学者日语语法化研究的经验，同时利用汉语语法化研究的优势，中国学者在日语语法化研究的领域有了一定程度的发展和提升。近年来中国学者在日语语法化方面的研究成果颇丰，无论是从研究成果的数量上，还是从研究论文的质量上，都有了新的进步。

中国学者的日语语法化相关研究最早可见在中国学者卢涛的系列成果中。其继《「むかう」と「むける」の文法化について》之后，发表了《文法化理论について》，对来自欧美的各家语法化学说进行了介绍，还结合日语及汉语的特点进行了分析说明。文中指出，语法化是由具体性（词汇项目）向抽象性（语法形式）的转化，要求原词汇必须具备意义高度抽象、使用频率高的两个特点，前者最为重要。如"いく""くる"可以语法化，"歩く""走る"却不行，这种现象是英、日、汉三种语言所共有的。文中还进一步从语言类型学和普遍语法的角度说明了日汉两种语言和英语的不同之处，如"with"可表示共同格和工具格，日汉语皆无此现象。在介绍隐喻为引发语法化的重要动机时，以汉语的"向"和日语的"向けて"的共同之处举例说明了隐喻由具体到抽象的认知途径。其后又在以上研究的基础上发表了专著《中国语における「空间動詞」の文法化研究 - 日本語と英語との関連で》，提出中日动词语法化的相同点之一为联动结构是动词语法化产生的句法条件。

提到日语的语法化，必须厘清后置词和复合辞这两个概念。*后置词（postposition）是与英语的前置词（preposition）相对而言的概念。值得注意的是，这里所说的后置词并不包括现代日语的助词。如"について"这一表现形式，复合辞观点认定整个形式为复合辞中的复合格助词，后置词观点则认为"ついて"是后置词，而「に」则为其前面名词的后缀。这就是复合辞和后置词在形式认定方面的不同之处。复合辞的认定范围较后置词宽泛，后置词大部分就是复合辞中的复合助词，且由动词的活用形和抽象名词与助词组合而成，如"について""を中心に"，助词的组合如"からには"则不在后置词的范围内。复合辞的定义是基于组合要素的复合这一形态特征，后置词则是根据其在句子中的位置来

---

① 邱兰芳 . 浅谈如何提高学生的日语阅读能力 [J]. 现代职业教育 .2015（28）.

定义的，但无论名称和范围的界定如何不同，研究内容基本上都属于语法化研究的范畴。然而，日语语法化的研究内容之广泛，完全超出了这两个概念所定义的范围。

在中国的日语教育界，后置词较为陌生，复合词的概念则较为普及。复合词的表达形式在中国的日语教学和研究中，多被冠以"惯用形"，作为句型学习的要点得到重视，如胡振平《复合辞》一书将复合辞分为复合助词和复合助动词。早期个案研究论文有戴宝玉《从"にしろ"看命令形与接续形式》、马小兵的专著《日语复合格助词和汉语介词的比较研究》等。这一时期还未见从语法化角度进行研究的成果。戴宝玉《语法化与日语的复合助词研究》简要回顾了日语复合助词研究的历史，以"うえ""にしろ"为例，分析了名词和动词语法化的过程，强调可运用语法化理论解决复合助词研究中的难题。复合辞、后置词都是"内容词（即实词）+@"，其实还有一种内容词自身在形态不变的情况下发生的语法化，如"うえ""ところ"等形式名词。为此，毛文伟提出了机能辞概念，并根据语法化程度的高低，将日语词汇划分为自立词、机能辞和传统意义上的助词助动词，认为随着时代的变迁，在这三类词之间不断发生着相互转化。之后，毛文伟利用语料库、计算机词频统计来进行语法化研究，进一步分析了助词性机能辞的语法化过程，并提出了评判标准。

对由动词到补助动词的语法化进行研究的主要有以下研究成果：林璋《"てしまう"的语法化分析》从语义演化的角度分析了"しまう"到"てしまう"的语法化历程；许贞《从语法化角度反思日语中的「テアル」表达方式》从语法化的角度考察了实词"アル"到"テアル"的虚化历程；夏海燕《日语补助动词「テミル」的语法化》利用语料库，从历时的角度分析了从动词"見る"到补助动词"テミル"的语法化过程；须军《日语存在型体形式的语法化机制》从认知语言学的角度探讨了以存在动词"ある/いる"为词汇资源形成"动词テ形＋ある/いる"这一表示进行、结果状态、完成、反复或习惯等体的意义的句法形义分类式的语法化过程及其成因。陈文君《补助动词「テヤル」语法化过程的语义指向及相关问题》通过考察日语"テヤル"语法化过程义素滞留情况的不同导致语义指向出现的差异，跳出传统的语用义——恩惠与非恩惠分类法，对"テヤル"句进行四分法分类。以上论文的共同点是，从语义演变的过程来考察动词到补助动词的由实到虚的语法化现象，重视原动词的语义停滞对语法功能的形成所造成的影响。

日语名词的语法化主要体现在基本名词的词类语法化、基本名词的形式名词化、基本名词的词缀化、基本名词的复合辞化。其中基本名词的词类语法化按照汉语的概念主要是指实词虚化，也就是说出现基本名词（如表示方位、处所的名词等实词）转化为助词或表示其他语法功能的形式。基本名词的形式名词化，比较常见的名词词汇，如"こと""もの""上""ところ"等。此类名词用于形式名词化时，如前述毛文伟所提出的机能辞概念，大多只起到表示语法作用的功能。基本名词的词缀化，主要有前缀和后缀之分，而日语中比较常见的是后缀，如"上"作为后缀使用的"仕事上"。基本名词的复合辞化，主要表现形式是名词与助词、助动词结合使用的情况，如"ところが""ところを""ところに""ところへ"等。而名词语法化考察的热点是"トコロ"一词，以陈燕青的系列研

究为代表，如陈燕青《トコロヲの文法化》《从语法化角度看トコロガの句法功能变化》《トコロヲ小句的句法功能及ヲ的性质——从语法化角度看》。陈文的特色是从共时的角度重点考察"トコロヲ"和"トコロガ"的句法功能的演变，应属于语法化研究的句法化研究。此类研究还可见黄小丽《日语基本名词的语法化特征》及《日语方位词"上"的语法化考察》，洪洁《日语形式名词「もの」的语法化现象研究》等。

情态表达语法化研究成果较少，蒋家义《日语情态表达的语法化路径——常见语法化路径的反例》在黑泷真理子的研究基础上，分析了日语情态表达的 10 多种语法化路径，得出日语中的情态表达存在着不同于 Heline & Kuteva 提出的 400 余种语法化路径的反例。杨文江《日语示证标记的去语法化现象》归纳了日语中 5 个助动词"ゲ""ソウ""ラシイ""ミタイ""ポイ"（文中称为"示证标记"）的历时演变规律，并利用 Norde 提出的去语法化参数分析了它们的演变过程在多个语言层面的具体体现。吴卫平《日语特提助词「も」的语法化和主观化》考察了提示助词"も"的语法化，并运用 Langacker "识解"的三种模式理论验证了其主观化进程 [①]。

由于中日两国同属汉字文化圈，且日语早期受到了汉语极大的影响，因语言接触而导致的语法结构的借用现象也不少见。在日中国学者陈君慧《文法化と借用——日本語における動詞の中止形を含んだ後置詞を例に——》提出了"翻译借用"这一观点，指出由于汉文训读体的关系，日语中从动词中止形派生的后置词有些并不因语法化而来，而是从汉语中直接借用了其语法化的表现形式。黄燕青《「加える」の文法化——中国語との関連性から》对此观点进行了补充，认为除了借用外，还有日语自身语法化的可能性存在。文中参照汉语中的"加"及"加以"的语法化历程，分析了"加える"的连用形"加えて"在句子中通过再分析和类推，最后变化为语法功能词的过程。

中国学者根据日语和汉语的特点，在日语语法化的研究上，从不同的视角进行探索。如卢涛的"具体性向抽象性的转化"；戴宝玉的"语法化与日语的复合助辞的研究"；林璋、许贞等人的"由动词到补助动词的语法化研究"；陈燕青等人的"名词语法化考察"；蒋家义、吴卫平等人的"情态表达语法化研究"；陈君慧等人的"语法化与借用研究"等等。这些都体现了中国学者在该研究领域的特色。

除上述之外，还有不少硕博学位论文以语法化研究为对象。如对动词语法化进行研究的有池哲梅《日语移动动词的认知研究——以「行く」为中心》、陶友公《从语法化理论的角度解析日语句型——以「言う」相关句型为中心》、万洪英《日语动词语法化的认知》。日汉对比研究有黄旻婧《汉语的"那么"和日语的"それでは"的语法化对比研究》、李晓坤《日语动词型复合格助词与相应的汉语介词的对比研究——从语法化和借用角度》。其他还有，赵治《共时视角下日语"所"字的语法化》指出"トコロ"的语法化主要是指语义扩展的过程，即从具体的空间含义到抽象的空间含义再到时间含义的变化过程。郑敏

---

① 李凝. 日本語のヘッジ（hedge）に関する研究 [M]. 外文出版社 ,2014.

《日语道义情态表达的多义性与语法化》以"なければならない"为例，考察了日语道义情感表达的多义性和语法化。龚丽芬《モノダ的语法化》利用语法化理论及语义扩张模式的原理，对现代日语中的"モノダ"的语法化过程进行了考察。这些研究后备军的成长给中国的日语语法化研究带来了新的气象。

二、中国学者关于日语语法化研究的特征

上述将中国学者对日语语法化研究的成果进行了粗略的概述。纵观以上研究成果，可以发现日语的语法化研究已取得了丰硕的成果，极大程度上揭示了日语发展的源流，丰富并发展了当代语法化理论。综合近几年中国学者对该领域的研究状况，笔者认为有如下的特征。

第一，中国学者研究日语的语法化，通常会参考汉语的语法化的研究成果。这大概出于中国学者先天性具有研究汉语语法化优势的缘故。再者，通过日语和汉语各自语法化的比较，有利于对日语语法化的深入认知。而鉴于汉语中的"词汇化（lexicalization）现象"，即汉语中功能词进一步语法化的结果一般不是形成屈折词缀，而是形成意义难以分析的词内成分，陈访泽、苏鹰《日语"それ+功能词"结构的词汇化趋势——以"それが"的接续词化为例》分析了日语中以"それが"为代表的"それ+功能词"结构的词汇化现象，指出"それが"从"Xのが Y"句式转化而来，是一个完成了词汇化过程的、具有相对固定意义的接续词。汉语语法化的研究成果极为丰富，且已初步形成汉语的语法化研究理论，可以为有着共同汉字的日语语法化研究提供独特的角度和便利的条件。

第二，日语语法化的个案研究比较多，而理论总结相对少见，并没有形成日语语法化的研究理论体系。中国学者在日语语法化的研究上比较注重个案研究。从不同的研究视角观之，可以分为"语法化与日语的复合助辞的研究""由动词到补助动词的语法化研究""名词语法化考察""情态表达语法化研究""语法化与借用研究"等不同分野，从研究内容的多寡析之，可以看出中国学者的研究内容逐渐丰富起来，研究的深度有了一定的提升。但是在理论总结方面，中国学者的研究非常少见。比较有学术价值成果的是中国学者卢涛的"文法化理論について"，鲜见其他中国学者对该理论的研究。很明显，中国学者在日语语法化的理论研究上还处于初级阶段，研究的形式比较集中个案研究，缺乏日语语法化理论研究的深度和广度。

第三，语义演变的研究涉猎比较多，而语法化动因和机制的研究相对偏少。中国学者在日语语法化研究中的词义研究方面，不论是研究的内涵，还是研究的视角，其研究的内容十分丰富。如上述关于动词到补助动词的语法化研究，形式名词、方位名词的语法化研究，动词的某个形态的语法化研究等等。可以看出语义演变的研究内容比较充实，但是语法化动因和机制的研究就相对比较缺失。而日语语法化的动因和机制的研究能够更为深入更为全面揭示日语词义的深层次内涵。

第四，日语的主观化与去语法化研究才刚刚起步，研究成果相对较少。如前所述，比较典型的研究日语主观化与去语法化研究的学者有杨文江及吴卫平，除此之外，有关日语主观化与去语法化研究的论文在中国学者的研究成果中并不多见，特别是现代日语口语的进一步去语法化现象的研究，对中国学者来说是一大空白。可见，日语的主观化与去语法化研究的成果比较薄弱，研究的广度和深度均不够，有待进一步深入探究。

综上所述，中国学者在日语语法化的研究方面相对于日本学者来看，由于自身研究条件的制约，无论从研究的广度，还是从研究的深度，都比较逊色。但是，中国学者汉语的语法化成果斐然，基本形成了自己特有的语法化理论。再加上中日两国文字历史之悠久，文献资料之丰富是世界上其他国家所不可比拟的，这为语法化研究提供了取之不尽的语料来源。而且中日两国的书面语言存在着千丝万缕的关系和相同的语法化规律，如词内成分的词汇化现象、语法结构的误用等。因此，中国学者可以借鉴汉语语法化的研究成果，从语言接触、认知规律、演化机制、语用推理、主观化等方面进行日汉语语法化的对比研究，不仅能为丰富语言类型学的研究做出贡献，还可为日语教学提供理论指导。

第四节　日语形式名词「こと」「もの」「ところ」的语法化

表示事件义的「こと」「もの」与判断助动词「だ」组合后发生语法化。表示场面义的「ところ」与对象格「を」组合后出现语法化。日语的复合辞是以「こと」「もの」「ところ」为中心处在语法化的演变过程中的，并存在着不确定性。

日语形式名词亦称形式体言，是日语特有的语法现象之一，其失去了作为实义名词的实际意义，在句中接在活用词的连体形之后，将用言体言化并起到一定的语法作用[①]。

在《日语形式名词解析》里，作者将形式名词的用法分为两种：一种是起指代作用的形式名词，如「こと」代表事，「もの」代表东西，「ところ」代表地点和场所等。另一种是使前面的分句名词化，以便加上某些助词等作复杂句子的主语、补语、宾语或谓语等。而「こと」「もの」「ところ」作为日语比较有代表性的形式名词，包含有这两种不同的用法，而如何使实义名词变为形式名词实际上也就是实义名词的语法化过程，黄小丽在《日语基本名词的语法化特征》中指出，日语的形式名词和助词，助动词构成了复合辞，其中助词、助动词对形式名词的语法化过程起到了极大的推进作用，而这一点是由日语黏着语这一基本特征所决定的。

如果以「ものだ」「ところを」为例的话，在陈燕青的硕士毕业论文《トコロヲ的语

---

① 入戸野みはる.ヘッジの形（フォーム）とその機能：友人間の会話に見る [J].New directions in applied linguistics of Japanese,2004.

法化》，龚丽芬的硕士毕业论文《モノダ的语法化》和盛春的论文《形式名词「ところ」的用法及语法化》中也有较为详细的分析。

一、语法化的单向性

语法化的单向性是按照实义词到语法词到附着词到屈折词缀到零形式的次序演变的。也就是说语法演化是单向的，即从实词向虚词、语法形式和结构发展，而不是相反。语法形式的演进是从语法化程度较低的变为程度较高的，从开放类变为封闭类，从具体变为抽象。而「こと」「もの」「ところ」的语法化演变正是单向性的，而且因为它们必须要和日语的助词「が」、「で」、「に」、「を」，「だ」等结合才能变成形式名词，所以这种语法化实际上是还不彻底的。

研究形式名词「こと」「もの」「ところ」的语法化可以对日语的黏着语特征有更好的了解，进而可以用日语语法的理论来分析相关句型，在形式名词学习方面也会有触类旁通的效果，对于今后的日语语法学习，研究和教学都有良好的促进作用。

二、「こと」「もの」「ところ」的语法化

关于语法化，国内外学者有四点共识：一是语法化的主体是句法化、形态化；二是语法化大多是有动因、有机制的，语言的经济性、相似性、明晰性以及说话者的目的、语用推理等，都是影响语法化的重要因素；三是语法化是渐变的过程；四是语法化是单向性为主的，语法化体现着一个基本的特征，即坚持走由实到虚，这是一个单向性的特征。

本节在先行研究的基础之上，将对现代日语中的「こと」「もの」「ところ」的语法化过程进行考察。

分析「こと」「もの」「ところ」的语法化及语法化之后的各种用法，可以得出以下结论：

（一）名词「こと」「もの」「ところ」有实义名词和形式名词两种用法

「こと」作为实义名词，表示的是事情的意思，汉字可写作「事」。「こと」在作形式名词起指代作用时，前边的连体修饰语和其他实义名词的连体修饰语一样，不仅在形式上而且在意义上都是限定「こと」的；在作形式名词起名词化作用时，由于「こと」前边的连体修饰语虽然在形式上是「こと」的连体修饰语，但在实际意义上对「こと」并不起限定作用，所以连体修饰语与「こと」之间是隔离关系，它们之间一般都可以加上「という」。这两种情况的汉语译法也不同，起指代作用时，一般翻译为"的（情况，问题）等"，而起名词化作用时一般都不必翻译。

「もの」作为一个普通的实义名词，表示客观存在的东西，汉字可写为"物"，相当于汉语的"东西，物件"等意思，但作为形式名词使用时，在句中起修辞造句功能。「もの」和「こと」不同，它作形式名词时只起指代作用，而不能起使言和句子名词化的功能。

「ところ」作为实义名词是"地方"的意思，汉字可写作「所」；而作为形式名词时，不仅表示地理上的地点，除此之外，还表示抽象的地点；也可以指事物发展过程中的某一点。虽然某些句子重点在时间方面，某些句子重点在地点方面，但在任何情况下，都不是只指时间或地点，而是表示包括时间，地点和状态在内的某个场面。

（二）表指代作用的名词「こと」「もの」通过与判断助动词「だ」组合发生语法化

当「ことだ」「ものだ」分析为「～こと＋だ」「～もの＋だ」时，句子结构是 [[主语] は [[用言] こと／もの] だ]，即日语特有的名词作谓语的句子。当「ことだ」「ものだ」分析为「ことだ」「ものだ」，也就是「ことだ」「ものだ」作为一个整体来理解的时候，句子结构则是 [[主语] は [[用言] ことだ／ものだ]]，即成为助动词作谓语的句子。「ことだ」语法化之后，出现了"应该"和表达说话人惊讶、感动、讽刺、感慨等心情这 2 种语义。而「ものだ」语法化之后，根据其连体修饰语的多变性出现了 4 种语义，分别是"本来就是、真是、竟然、真想"[①]。

表示地点义的名词「ところ」与格助词「を」组合后出现语法化的现象：当谓语是记录义、描写义他动词时，「ところを」为名词「ところ」与对象格「を」组合后表达转折义，其中的「を」是应谓语动词的要求产生的，「～ところを」被认为是名词，表达状态、场面、地方等意思。当谓语是逮捕或救助义他动词时，「ところを」被重新分析为一个整体，「～ところを」为场面之意，含有"紧要关头"的意思。当谓语为他动词，而且在句中出现两个「を」的时候，「～ところを」被重新定位为副词。当「ところを」进一步发生语法化时，「～ところを」则由副词进一步转化为从句。另外，「ところ」浊音化之后变成「どころ」，可变成「どころか」「どころではない」两种句型，从而语法化。

如前所述，形式名词「こと」「もの」「ところ」主要出现在从句中，用来表示主语的心情或包括时间，地点和状态在内的某个场面。它们用在从句里的时候前面都需要连体修饰语。出现这种用法的原因，是由于「こと」「もの」「ところ」与前项的连体修饰语相呼应时，抽象性逐渐增加，词义逐渐虚化，最终转化为了形式名词。这些实义名词在发生形式名词化后，名词本身的黏着性和强制性更强，语法化程度更高，转而表示各种不同语法关系了。

众所周知，日语是典型的黏着语，它的语法意义主要是由加在词根的词缀来表示的。「こと」「もの」「ところ」的语法化，正表现了日语这一黏着语发生语法化时的特征。这些实义名词转化为形式名词后，要借助于助词和助动词等附属词来虚化，并构成一些句型，如「ことだ」、「ものだ」、「～ところを」等都是如此。所以说，日语的复合辞是以「こと」、「もの」、「ところ」为中心，与助词，助动词相结合而处在语法化的演变

---

① 入戸野みはる.グループのサイズとヘッジの使用量について [J].New directions in applied linguistics of Japanese,2008.

过程中，都存在着不明确的部分。

第五节　日语翻译中汉语对日语影响的研究

要想做好日语翻译，不仅要掌握好文字、词汇、语法，还要对中日两国的思维表达方式及文化差异有充分的理解，若只生搬硬套汉语的词汇意义、思维习惯及文化背景知识，译文的质量定会受影响，所以翻译时，充分了解汉语对日语的干扰因素是很有必要的。

日本与中国有着两千多年的文化交流，在语言文字方面，日语充分吸收的汉语文字精华，两种语言有着跟其他语言无法比拟的相似之处，但汉语与日语的语言特征又有着很大的区别，汉语属于孤立语，依靠词序和虚词来表示语法关系，语序相对固定。而日语属于粘着语，通过助词确定句子成分、句子含义，语序相对灵活。在翻译中，汉语对日语有大的影响，有好的影响同时也有坏的影响，本节从文字词汇、思维习惯、民族文化等方面浅谈在翻译中汉语对日语的影响。

一、汉语文字、词汇对日语翻译的影响

（一）日语文字由来

据史料记载，大约在公元一世纪前日本没有文字，直到我国汉字传入日本，日本才有了文字。汉字传入日本后，不仅成为记录史实的文字，也是一般学者用以写作的文字，成为当时日本唯一的正式文字。《古事记》是日本古代第一部史书，书中有 1507 个汉字，《日本书纪》是日本第二部史书，书中有 3513 个汉字，根据《古事记》、《日本书纪》等记载，于应神天皇十六年，《论语》、《千字文》等汉文书籍，伴随着冶金、纺织、农耕等汉文化传播到日本，由此形成了一个连续的汉字文化区。经过几世纪的发展、完善直到 7 世纪汉字才正式成为日本的文字。汉字传入日本后，不仅促进了日本古代文化的进步，同时也促成了日本人借用汉字草体创造了平假名和借用汉字楷体的偏旁部首创造了片假名。虽在 1866 年，一些日本文字改革者主张废除汉字，但至今近 150 年汉字仍未在日文中废除，日本政府还规定了 1945 字为常用汉字。因此可见，汉语对日语文字的形成和发展起到了不可磨灭的推动作用。

（二）汉语文字、词汇对日语学习正迁移

当汉语的某些特征与日语的某些特征相似或者完全一致时，就会产生正迁移的积极作用。因为汉字传入日本是在汉朝以后，所以可以说日本人最早接触到的汉字字体大部分是与现代汉字字体同形[1]。日文里很多的词汇与汉语词汇是同形同义词的，如：

---

[1]　山川史.学习者のヘッジ使用：インタビューにおけるレベル别会話分析 [J].日本語教育研究,2011.

①描述自然现象的名词：春、夏、秋、冬、天气、风、雨、雪、霜、雷、梅雨、台风；②描述事物的名词：山、水、温泉、公园、学校、食堂、银行、船、广告、音乐；③方位名词：东、西、南、北、中、前、后、左、右；④地点专有名词：中国、日本、北京、东京、上海、西安、广岛、京都、名古屋、奈良；⑤动植物名称：虎、犬、鱼、猫、鸟、松、梅、竹、花；⑥家庭称谓名词：父、母、兄、弟、姐、妹；⑦固有名词：京剧、故宫、太极拳、歌舞伎、富士山、柔道、相扑；⑧生活物品名词：电话、杂志、椅子、眼镜、伞、车、寿司、茶、红茶、绿茶；⑨身体部位词汇：目、鼻、耳、齿、舌、手、口、肩、胸、腹、唇、发、腰等这些词汇对日语学习产生了正迁移作用，给以汉语为母语的学习者提供了很多的便利和优势。可以说汉语的认知水平直接影响着日语的学习，所以在翻译中要积极发挥母语优势，提高其对日语汉字词汇的理解和运用。

（三）汉语文字、词汇对日语学习负迁移

当汉语与日语的差异微妙时，而学习者仍旧依赖母语的特征来作出错误的判断时，往往产生负迁移作用。如："娘、丈夫、人参、手纸、汽车、看病、亲友、兄弟"这些词与汉语的意思大相径庭，若不加以重视，直接套用汉语思维，在翻译时很可能曲解作者的原意，如日语中的"丈夫"，对于汉语为母语的日语学习者，第一反应就是中文里"妻称夫为丈夫"的意思，但日文里是"坚固、结实、健壮、健康"的意思，两者一对比就发现意思迥然不同，若平日里不够重视，很容易出现笑话。

例：「発明王エジソンは小学校に３ヶ月しか行っていない。自分も進学しないでヘドロを研究しよう」と決心し、図書館に通って勉強し、何十種類もの薬品をそろえ、濃度と組み合わせを変えながら木材のかすやヘドロに混ぜる研究に没頭した。

有汉字的地方，对于以汉语为母语的日语学习者，基本上可以很轻松翻译出来，但有两处会被汉语误导，吃闭门羹，第一处是"勉强"，从汉语的角度来看，是"难为情"的意思，可日语里是"学习"的意思；第二处是"没头"，汉语字面意思是"没有脑袋"，正确的日文意思是"埋头苦干"。从这个例子，我们可以看出有些词汇形同但意思天壤之别。所以以汉语为母语的日语学习者在学习日语时，要刻苦钻研、严谨笃学，培养良好的学习习惯。

二、汉语思维习惯对日语翻译的影响

（一）语序的困扰

翻译是一种语言活动，更是一种思维转换活动。在翻译中，若用中国人的思维方式去理解日语表达，会发现翻译出来的句子不通顺，难以理解中心意思。最明显的差异是汉语里句子主干顺序是"主谓宾"，而日语是"主宾谓"的顺序，因此在翻译时，不能受母语定势思维，要灵活调整语序，以符合汉语表达习惯，清晰转达语言内涵。

例：私は日本語を勉強しています。

这句话的正确翻译是：我正在学习日语。若按照中文思维表达方式，直接按字面语序翻译就会出现："我日语学习正在。"翻译后，完全不知所云，没有达到翻译的最终效果。

再例：何をしますか。

抗战片里常有这么一句滑稽幽默的台词："你什么的干活？"经常有人有声有色地模仿，并乐在其中，没学过日语的人，一笑而过。学过日语的人，知道这是个病句，只因日语的语言思维表达与汉语表达有区别，日语是"主宾谓"结构，而主语很多时候又会省略掉，所以根据汉语的思维逻辑，正确翻译是："你是干什么的？"

（二）助词的困扰

日语是粘着语，依靠助词或助动词的粘着来表示每个单词在句中的意思，因此要想学好日语，掌握助词和助动词的用法是极其重要的。日语常见助词有："は、を、か、の、で、も、と、へ、に、が、から、まで"，每一个助词都有各自的用途，且每一个助词有好几种甚至十多种用途。

如："に"的用法就有十六种之多：（1）表存在的场所：机の下に猫がいます；（2）表动作的时间：今朝7時に起きました；（3）表动作的到达点：自動車に荷物を載せる；（4）表变化的结果：氷が解けて水になる；（5）表动作的目的：昼ご飯を食べに行く；（6）表动作的对象：両親に電話を掛ける；（7）表比例、分配的基准：週に1回デパートへ行く；（8）表比较评价的基准：私の大学は駅に近いです；（9）表原因：家屋が強い風に倒れた；（10）表理由：お土産に衣類を買った；（11）表并列、添加：いつも青い上着に赤いネクタイという格好をしている；（12）构成主语、表示对主语的敬意，或对主语有某项能力：私にはこの本が簡単だ；（13）表示被动句中施动者：子供が犬に咬まれた；（14）表使役对象：学生に本を読ませる；（15）表对动作的强调（动词连用型＋に＋同一动词）：待ちに待った夏休みがやっと来た；（16）表语气缓和（用言＋に＋同一用言）：痛いには痛いが、我慢するしかない。

由此可见，日语助词的用法是丰富的、灵活的，日语语言思维跟汉语语言思维有很大的差距，所以在翻译时切记不能忽略助词的意义，或只单纯记忆一种用途而忽略其他的意义用途，而凭汉语独立语思维去猜测、揣摩句子意思。助词是日语区别汉语的一个显著特征，所以助词的用法和意义的掌握是学习日语的重中之重。

（三）暧昧语言的困扰

日本人说话含蓄、委婉、谦和，喜欢绕圈子；而中国人说话直爽，清晰表明态度。学过日语的人都知道，日语表达中最显著的特征之一就是：暧昧。暧昧的语言反映了日本人崇尚"和谐之美、不完全之美、朦胧暧昧余韵之美"。日本人不论是说话还是写文章，甚至在正式的场合、文件当中，都使用让人含糊、似是而非的暧昧表达。对以汉语为母语的日语学习者，在翻译时很困扰，拿捏不了尺寸，很难翻译出日本人的内心情感。这种暧昧表达与历史、社会文化、人文情怀、审美观念等息息相关，日本人很重视这种暧昧表达方式，被认为是最美的最优秀的语言。日本人甚至在学术论文中也用「であろう」等推量、不确定的表达口吻，虽备受国际争议，但日本人仍然坚持着这样的表达方式，足以显示暧昧语的魅力，可以说暧昧语是国民文化，根深蒂固，所以在翻译日语时，要特别重视这样的语言表达思维差异，同时也要尊重对方的语言表达特征。

　　例：（1）あした、雨が降るかもしれません；（2）あの人は教授でしょう；（3）もう八时になったから、先生もまもなく来るだろう。

　　句子中"かもしれません、でしょう、だろう"是最典型的暧昧语，用以推断的、不确定的语言表达方式来避免武断，有尊重他人之意，很大程度上，可以说日本人使用这种暧昧的表达方式是为了避免伤害他人^①。

三、民族文化对日语翻译的影响

　　语言不仅是符号，也是文化载体，受社会习俗、价值观念、生活方式等方面的影响与制约，语言和文化密不可分。中日文化交流中，由于文化差异，时常出现一些误解甚至冲突。不同的民族孕育不同的文化，中日两国就是在不同的地域环境中形成各自不同的民族文化。日本是一个典型的海洋文化和岛国文化国家。很多词汇与海洋和鱼类相关。而中国属于大陆文化，很多词汇都有着大陆文化的印记。

　　如中国人用"挥金如土"这个成语来形容"人花钱慷慨或挥霍无度"，而日本人会说"湯を飲んでみたいな"，大致翻译出中文就是说"像喝水似的"。如脚掌或脚趾上角质层增生而形成的肉刺，中国人形象地称为"鸡眼"，这是因为大陆文化以农牧为主；而日本是海洋文化，接触鱼较多，故称之为「鱼目」。不同国度由于历史、地理环境、宗教信仰等不同，所孕育的文化、语言也有差异，在翻译时，要注意中日文化差异，提高文化修养和综合素质，才能更好地从事翻译工作。

　　在中日文化交流中，翻译发挥着重要的桥梁作用。作为译者，不仅要掌握基本的语言知识、技能，还应深入了解语言文化的方方面面，克服文化障碍与差异，以达到两种语言更好的交流。

第六节　日语拟态词与汉语状态形容词语法功能比较

　　在日语中，拟声、拟态词的应用起着极为重要的作用。象声词是模拟事物或动作的词；拟态词是通过声音将一切事物的状态和样子象征性表现出来的词。拟声、拟态词是介于语

---

① Reiko Itani.Semantics and pragmatics of hedges in English and Japanese.Hituzi Syobo[M].1996.

音与语义之间，有着特殊心理联系的词，与其他词类不同的是它存在自己的形态分类。在日常生活中，拟声、拟态词常常被广泛应用于商品的名称、广告词及儿童读本中等，以其简短平庸的语言进行细致鲜明的描写，给人留以深刻的印象。本节将通过日常生活中的实例对其使用情况及作用加以研究、探讨。下面本节就日语拟态词与汉语状态形容词语法功能进行比较，了解二者的差异和共同点，旨在为相关研究奠定理论基础。

在日语文章的撰写活动中，作者往往需要大量的拟声拟态词。与其他类型的词语相比，这类词语的出现频率相对较高。笔者通过长期的研究认为，这种现象的出现是与日本人日常的情感表达形式是一致的、根据相关调查显示，日语中的拟声拟态词大致数量在一千五百字左右。可见，日语的拟声拟态词是一个庞大的体系，他的变化日新月异，这是很多研究和学习日语的学生最头疼的一件事情了。那么，究竟什么样的词语才是拟声拟态词呢？从本质上来说，拟声词其实就是形容世间万物声音的词语。例如：小狗在汪汪的叫，翻译成日语就是犬がワンワンと吠える。

与之相对的，在日语语言中，很少会应用一些词语来对事物进行简单的融合修饰，这也是拟声拟态词在日本特别受欢迎的主要原因。将拟声拟态词应用到具体的作品中或是日常的生产生活中，我们就会发现，拟声拟态词有效弥补了修饰词较少的问题。甚至还能够起到锦上添花的作用。如果能够灵活地、合理地运用拟声拟态词，可以为广大人民营造一种良好的环境，给人以身临其境的感觉。不仅如此，拟声拟态词在丰富语言功能上也发挥了巨大的作用。在语言表达方面，具有自身独有的优势。笔者通过长期的研究与实践，对日语拟态词与汉语状态形容词语法功能进行了深入的研究，认为二者具有一定的共同之处，但也存在着较大的差异。

一、拟声、拟态词的应用

之所以会创造语言，主要目的是为了实现人与人之间的广泛交流和沟通。如果我们深入了解各个国家的语言，我们不难发现，无论是哪个国家，其语言中都蕴含着一些能够体现这个国家词汇特色和国家文化的词汇。而拟声拟态词在日语中就充当着一种角色。拟声、拟态词数量非常多，且这些词语的形式也在不断地发生变化，被广泛应用在我们的生活生产中。

（一）日常生活中的拟声、拟态词

在日本，拟声、拟态词常常被应用于家庭用品和家电制品的命名和广告词中，将这些词语用在日常的家用产品当中，能够将他们生动形象地描述出来。如下例：

食品类：ポタポタき用于描述垂涎欲滴的烧烤，在看到这一词语时，往往会勾起大家的食欲，给人以食指大动的感觉，通过想象就能够了解到烧烤的美味①。用来形容美食的

① 李恩美.日本語と韓国語の初対面二者間会話における対人配慮行動の対照研究：ディスコース·ポライトネス理論の観点から [D]. 東京外国語大学,2008.

拟声词和拟态词还有很多，包括ツブツブ果（饱满的果实）、ホクホク米（松软的米饭）

家电类：シンシン用来形容空调，非常生动形象，可以说，看到这个词语就联想到了冬暖夏凉的空调。

家庭用品类：チョイソル这个词语能够让人们想到家里男主人的必备物品——剃须刀。

拟声、拟态词在商业领域中的广泛应用，使商品变得更加具有活力，给广大人民群众留下了非常深刻的印象，也使得民众能够在脑海中形成一定的想象。

（二）拟声、拟态词在儿童读物中的应用

在刚刚接触世界的时候，孩子们所依靠的仅仅是自己的眼睛和耳朵，也就是说，眼睛和耳朵是其获取外界信息最主要的途径。通过对"自然之声"的不断认识和深入的感触，逐步将自然之声转化为语言，这也就是我们常见的拟声、拟态词。正因如此，在日本这个国家，作家们经常会应用拟声、拟态词来对书籍的内容进行阐释。这种做法对孩子今后的学习具有非常重要的意义，通过应用这类词汇，使孩子们能够调动起学习的积极性，还能够帮助孩子学会联想，使孩子们在听到这些词语的时候，就会下意识地想到某些物体。我们常见的风、雪、雷、电等自然之声，都可以运用拟态词来进行描写，不仅如此，人文之声如股长，欢声笑语等也可以用这些词语来进行了解。这些词语在文中的出现，可以从直觉上唤起广大读者同作者之间的共鸣，为广大读者营造一种身临其境的感觉，使孩子们在今后的学习和生活中也能时刻不忘剧中的情节，对孩子具有深远的教育意义。

另外，日语的拟声拟态词也经常会应用到日本童话当中，给日本的童话故事增色不少，这也是日本童话故事能够风靡全球的主要原因。在此，我们以《铁道银河之夜》为例进行分析。通过深入的调查和研究以及系统的统计，我们得出这样一个结论，在该部作品当中共使用了20个象声词和201个拟态词。而翻译者在进行翻译的时候，有17处运用了汉语象声词，在拟态词的对应位置用了94处的形容词。从这里我们可以得出这样的结论，汉语和日语在进行翻译的过程中，拟声、拟态词的使用存在较大的差别。笔者以这部作品中的翻译来进行举例：

首先，我们来看一下象声词的汉日用法：在日语中，所谓的象声词是指那些能够模拟事物和动作的词语；汉语中的象声词通常是指那些用来形容动物或自然界声音的词语。这也是在《铁道银河之夜》中出现大量象声词译法的主要原因。但由于受到数量上的限制，使得我们在翻译中不能全部应用象声词来实现对文章内容的对应翻译。另一方面，我们来对汉语中的象形词的用法进行研究。在日语当中，我们将能够描写一切事物的状态和声音的词语称之为拟态词；然而在汉语中的拟态词则被我们称为象形词，它属于形容词类，这类词语有其自身独有的额特点，这类词的结尾通常会应用叠字，而其词根一般有形容词、名词和动词三种形式，但值得注意的是，无论是哪种形式的词语，如果词尾为叠字词尾，那么其都会变成形容词。这类词语在汉语中的应用也非常广泛，且内涵非常丰富。根据上文我们可以得出这样的结论：从严格意义上来讲，日语的拟态词在汉语中没有对应的拟态

词词汇，因此在中文译本中我们看到的拟态词多数被译为了汉语中的形容词。

综上所述，有我国的汉语拟声词和拟态词在作品中的应用，以及日常的应用效率相比，我们可以看出日语拟声、拟态词的使用频率相对较高。根据相关调查显示，天沼宁编纂的《拟声拟态词词典》这本书中共有一千五百多个象声词词汇，不仅如此，现阶段，日本的象声词也在不断地发展和丰富当中。然而，与之相对应的是我国的象声词词汇，其数量相对较少，也不像日语那样的频繁，因此，想要将日语作品中的拟声、拟态词一一对应地翻译成汉语可以说就变得异常困难。

综上所述，我们不难看出拟声、拟态词在日本人日常生活中的使用频率非常高，并且以其独特的形式和性质、作用被日本社会广泛应用，他在日本作品和日常生产生活中的应用已经成为日语的独特特点。这也是为什么在日本这一个国家，人与人之间交流的过程中频繁的运用拟声词和拟态词的原因，在人与人的交流中拟声、拟态词的使用随处可见。从本质上来说，这些词语已经成为日本节化的一种内涵，成为一种艺术形象，并在今后的发展过程中，逐步影响着日本的语言，是日本的语言得到进一步发展。

二、汉语象声词的语法功能

象声词本身表现力强，常常独立成句或做句子的独立成分，还可以做主语、谓语、宾语、状语、定语、补语等多种句子成分。根据文中所述的剧情，我们可以灵活地运用象声词，将剧情的需要与象声词独有的特点有机结合起来，一方面能够为广大听众描绘出具有独特特色的音响世界，还可以帮助人物刻画，渲染相应的环境气氛，这对于象声词的发展来说具有非常重要的意义，也有利于刻画人物形象，渲染环境气氛，给作品带来较好的修饰作用。

（1）正半夜姚志兰睡得正浓，小朱扯着她的耳朵说："起来！起来！该你上班了，别装死了。"又唧唧哝哝地说："你可别忙迷迷糊糊地找着挨训。"（杨翔《三千里江山》）该句子中为了形容小朱小声念词的神情，将唧唧哝哝这个词语应用到了文章当中，使人们在看到这一词语的时候，小朱的神情就似乎在脑海中形成了。

（2）他……好容易才提到一个中的，恨恨地塞在厚嘴唇里，狠命一咬，啪的一声又不及王胡的响。（鲁迅《阿Q正传》）。在该句话中，用"劈"这个词语将阿Q咬虱子的声音描述出来了，也间接的将文章中阿Q的形象传达出来了。

运用象声词来描写物体运动过程中所呈现的声音和外貌，可以将声音和外貌描写得淋漓尽致，给人以如闻其声、如临其境的感觉，使得文章更生动、更具有表现力。常见的词语包括听听吧、秋风瑟瑟等等内容，这些种类繁多的象声词，能够给人以不同的感觉，使人们感受到不同声音下的细微差别，给广大读者以具体的感受。

（3）一时是秧歌，一时又是腰鼓邦郎、邦郎敲地山响。

（4）嚓、嚓、嚓、嚓、嚓、嚓，千针万线急如雨。

例（3）中反复运用了叠韵象声词，将文字中内涵的意思直接传达出来，也将人们心中的欢喜表达了出来，给人们营造出了一种载歌载舞、欢乐异常的环境氛围。例（4）中着重阐述了广大妇女们在进行劳作的场景，她们聚精会神的踩踏缝纫机的情貌，只听得"嚓、嚓……"声响，营造了一种语意，勾勒出了紧张、动人的劳动场面。

如果我们在言语中不去运用象声词，那么言语的内容及其魅力是难以发挥出来的，也是难以想象的。巧妙地运用象声词可以进一步提高文学作品写景和写物的感染力，给读者以如临其境和如见其人的感受，这也是许多文学作家愿意在文章中运用象声词的主要原因[①]。

日语和汉语中，不仅拥有数量丰富的拟声拟态词，且这些拟声、拟态词还具有非常科学和完善的体系。在具体的研究活动中，仅是有关于词形方面的研究就是一个非常庞大的工程。正因如此，笔者认为，应当对日语拟态词与汉语状态形容词的语法功能进行科学的比较和分析，这样才能帮助广大学生深入了解这方面的学习内容。当然，在学习日语的同时，广大学生还应当注意汉语形容词的语法应用，实现汉语的发展。当然这一过程需要我们涉猎相关资料，并在此基础上运用对比的方法实现深入的研究，只有这样才可以实现。

---

① 小田三千子 .Hedges についての一考察—社会言語学の観点から [J]. 東北学院大学紀要 80,1988：155-176.

第四章　日语文化透视研究

第一节　集团性和自我性：日语的文化诠释

文章站在语言文化学的研究角度，探讨日本人欠缺自我性的集团主义。很明显，这样的社会模式与日语本质特征不相符的，以集团性为依据可以想到的语言现象无疑否定了日语中很多已存在的语言现象。文章重点论述了这些语言现象的背后、集团主义的背后实际存在的自我意识等相关问题。

一、社会、文化模式和语言的关系

称呼用语、敬语、授受表现等语言现象，如果不理解这种语言现象的语言社会结构，就不能进行记述和说明。研究者在人类学、民俗学与社会学等领域提倡社会结构的模式的同时，也提倡以相关社会的语言特征为依据。另一方面，语言研究者在记述和说明语言结构的同时，也有很多是借用其它社会模式的。总之，社会和语言的研究是有相互依存关系的，日语在这种依存关系上可以说是被最广泛研究的语言之一。

一般来说，所谓社会、文化模式，通常都是以一定的目的构筑的。我们从战后的驻军在日本的统治，20世纪60年代日本的经济飞速增长，20世纪80年代的日美贸易摩擦的修正这样的事例可以看出这一点。进一步说，因为那些模式本来就是一种意识形态，把各种个别的特性在抽象化过程中舍弃也是不得已而为之。所以，各个模式的妥当性是在其目的关系上进行判断的，只选择语言现象的一部分使用是不应该受到非议的。但是，那些社会模式被有违初衷地扩大使用，断章取义、歪曲事实，这样是非常危险的，在这种情况下，做一些语言数据研究是非常必要的。

二、集团模式和自我流动性

（一）集团及集团依存性

在日本社会，很多事物都是以集团主义和状况依存性为特征的。这里所说的集团主义是相对于个人主义，所以自我意识不是存在于个人之中，而是由集体归属感产生的，集团成员心甘情愿的接受这种状态，归属集团的旨意就是在于为了消除私心，保持忠诚，这样就不用考虑集团内耗。另一方面，状况依存性是根据自己的意识和他人的意识规定的。

日本人的集团意识感很强烈，中根千枝写过的文章里曾说过，日本人在做自我介绍的时候以集团为前提，例如心理学专业学者和工程师在介绍自己的时候不是以个人的资格，而是以他们所在的大学或者是公司优先的前提下说的。自 1946 年鲁思·本尼迪克特的《菊与刀》之后，日本多被定义为在集团间或者集团内作为庇护者的上司和他的忠实服从者之间序列意识为基础的"纵向社会"，而不是以统治阶级对工人阶级和等级制这样的以阶级资格为基础的"横向社会"。

在"纵向社会"的基础上，土居健郎的观点是日本人的特性其实就是一种依赖的心理。土居指出，所谓依赖的心理就是幼儿的意识发展到一定程度，发觉母亲和自己是独立存在的个体的时候，寻求母亲的一种依赖①。与孩子对母亲的依赖性构成平行关系的是成人后社会集体内部所培养的，部下扮演着孩子的角色，依赖着上司的关系。

（二）自我流动性

在集团模式中不可缺少的是「ウチ」这样的概念，「ウチ」是自己所属的集团领域，称为"内"，而此领域之外则是「ソト」称之为"外"。所谓的"内外"的特征，并不一定具有流动性，但其会根据状况而发生变化。这两种相对立的概念正是我们理解日语和日本社会的真正的关键。与可变的"内外"相对应的，带来属于内部的自我意识及流动性，根据状况被相对的规定，成为一种不断地变化状况。

这种流动的自我意识带来了集团模式，以这样的集团模式为根据形成了日语的人称代名词欠缺，以及称呼用语、授受动词、敬语等语言现象的频繁使用等特征。

日语并没有和欧美语言对应的人称代名词的存在。特别是人称代名词的缺失是欧美说话人难以理解的语言表达方式。例如大人在和孩子说自己的时候会用"叔叔、阿姨"等词汇称呼自己，学校里老师会用"老师"称呼自己。欧美语言是以个人为基点，所以是无法考虑没有第一人称"我"的表达方式的。进一步来说，如果从难以省略主语的英语来看，经常省略掉"我"的日语说话者则是欠缺"个人"这个自我意识的。

要说明自我意识的流动性，授受动词的使用方法是经常被举出的。

（1）a. 岡田さんが（私に）お金を貸してくれた。

b. 岡田さんがその人にお金を貸してくれた。（×）

c. 岡田さんが母にお金を貸してくれた。

「くれる」通常如 1a 一样在说话人是接受者的情况下使用；1b 中接受者是外部人士的情况则不能使用；1c 中接受者被认为是说话人的内部人士则是可以使用的。之所以会产生这种现象，正是「母」被扩大为说话人"自己"，也就是"内部"的范畴之内，由此

---

① 堀田智子，堀江薫.日本語学習者の「断り」行動におけるヘッジの考察——中間言語語用論分析を通じて [J]. 語用論研究 ,2012.

现象我们可以明确自己和他人的界线是流动的这个观点。

三、「裸」的个人和作为"衣服"的集团

日语并没有官方的表现自我的词汇。但是英语和欧美语言的人称代名词则是有官方的自我为中心的体系的，如果用这些语言来表现日语的话，自我就很容易被变成依存于他人的可变性的东西。并且，这是以相对自我（在一定条件下扩大"自我"范围，将集团内部人士作为"自我"）这一概念为根据的。以集团模式为研究对象的语言现象，是以关系到语言传达机能的官方表现为中心的；不以传达为目的的私人表现则可以忽略不计。与内在意识相对应的私人表现，像「自分」这样的词，可以被看成是一定的不发生改变的绝对自我。

「自分」表现的是私下的绝对自我，也就是"裸体"的个人。官方表现"我"时，则会用到「ぼく（男性用语"我"）」「わたし（我）」「お父さん（爸爸）」「先生（老师）」等带有集团身份标签的词汇，这些词汇可以认为是适应不同的私人场合的分别穿着的"衣服"。这样的话，在集团模式中说到的自我状况依存性，可以被认为是"衣服"的状况依存性，也就是说，根据「ウチ」和「ソト」的区别改变的不是自己，而是和自己结合的"衣服"。这件"衣服"是由自己的所属集团规定的，我们可以将集团认为是一种"衣服"，但是这种"衣服"的状况依存性绝不是缺失自我意识的意思。因为当我们脱掉衣服时，作为自我的意识主体「自分（自己）」仍然存在在那里。所以可以说日本人在尊重集团意识的同时，也是有强烈的自我意识的。

本节提出了日语所反映的日本人的自我的概念，这种自我在集团模式上来说是同化于集团的。但是它却又具有相对性以及流动性。从称呼用语、授受动词、敬语等语言现象中明显显示出日语是存在「ウチ」和「ソト」的对立概念的。但是也不能绝对地说日本人的自我意识总是被集团所同化，而根据状况改变。日语中存在不被集团同化的绝对自我，也就是我们所说的「裸」的自我。具体来说，在官方表现的背后，存在与内在意识相对的私人表现，这是用「自分（自己）」这个词所表现的不变的自我。如本节所述，与私人的自我相关的语言现象是与日语本质相关的。但是这种思想不能单纯从日本人的集团意识来看，必须以内在的自我意识为基础才能真正地体会日语的本质特征。

第二节 日语中的"谐音文化"

谐音是生活言语的智慧之光，日语"谐音文化"依据其语音基础、言灵崇拜以及节日风俗产生并发展，日常生活中，日本人十分注意"谐音文化"的使用，一方面，避免因谐音触犯忌讳或禁忌；另一方面，又喜欢利用谐音机智地创造一些"讨口彩"、俏皮话、绕口令乃至文字作品等，因此，了解日语中的"谐音文化"，找到语言交际的关联性，便于

跨文化交流的顺利进行。

　　语言是复杂的，申小龙在《中国文化语言学》一书中将语言比喻成一面摄下了民族、经济、文化、心理素质各方面特征的色彩斑斓的镜子和一副规范着一个民族看待世界的样式及文化深层结构的隐形眼镜。它是人类交际的主要工具，又是文化传承的重要载体。从文化语言学角度，语言与文化之间的关系，就是特定文化的一些烙印加在语言这一形式上。谐音作为一种语言现象普遍存在于各种语言之中，是利用同音或近音产生辞趣的修辞格，它的存在除了与其民族所处的地理环境和文化传统有关，更与人们的宗教信仰、民族心理及审美习惯等密切相关，在人类社会活动中发挥着举足轻重的作用。

一、"谐音文化"的概念内涵

　　《现代汉语词典（修订本）》这样定义谐音："字词的音相同或相近"，即指"在语言交际过程中借助音同或音近的语言特点来传情达意表达一种特殊效果的语言现象"，日语称之为「語呂合わせ」。这种通过同音词或近音词造成一种诸如诙谐、委婉、祝福、避讳等特殊表达效果的语言文化现象被称之为"谐音文化"。在跨文化交际过程中，知晓谐音文化，一方面，可避免触碰文化禁忌习俗，从而产生交际障碍；另一方面，可增强语言表达效果，提高言语交际的水平。日语的"谐音文化"不仅体现在趋吉或避讳方面，也常出现在文学创作、语言游戏等诸多方面。

二、日语"谐音文化"的产生原因

（一）语音基础

　　日语语音系统较为简单，日语中有元音5个，辅音16个，半元音2个，还有清音、浊音、半浊音、鼻浊音、拗音、长音、促音等，或单独，或组合，形成了约120个音节，这些音节按照一定规律构成了日语所有词汇的发音系统。据统计，日语中的同音或近音词约占日语词汇总数的36.4%，其中，同音词最多的前10个词是：こうしょう、きこう、こうし、かん、こうき、せんこう、こうか、しせい、こうこう、こうてい，排第一位的「こうしょう」，其同音词就有三十五个以上，这是日语谐音文化产生的重要基石。

（二）言灵崇拜

　　日本人笃信神道教的"万物皆有灵"，日语中有"八百万の神"的说法，可见在日本人看来万事万物皆有神灵，这种宽泛的"神灵"概念导致的结果便是日常生活中的大部分行为都具有神圣或半神圣性。而这些神圣的行为需要通过语言这种可与神灵交流的媒介来实现，日本人相信语言中存在着不可思议的"神灵威力"，这种威力一旦发挥作用，就会实现语言所表达的目的，这就是言灵信仰，日本上古口头文学的歌谣、神话、传说、祝词等，都是"言灵"信仰的产物。日本江户末期国学者铃木重胤曾指出"事之极至无外乎语言①。然而，语言实有引导人的灵魂之使命"。因此，这种心理信仰诱导着谐音文化的产生和发展。

（三）节日风俗

节日，是人们为适应生产和生活的需要而共同创造的一种约定俗成的社会活动日。日本人的节日纷繁复杂，各种人，各种节令，都有节可过，其中法定节日就有 15 个，民间节日更是层出不穷，相应地节日文化也是丰富多彩。如以人为主题的节日有男孩节、女孩节，"七五三"节，成人节，敬老节等；以扫墓、拜祖为主题的节日有春分、秋分等；被称为"魂祭"的盂兰盆会，是日本民间最大的传统节日，以前也是祭祖祈福的，现在已经变成了团圆日，节日期间，日本各界放假 7 至 15 天，人们回故乡与亲人团聚，又称为"民族大移动"；还有值得一提的是日本的元旦新年，也是日本最受重视的节日。这些节日期间的习俗风尚（诸如饮食、服饰、祭祀和文体娱乐活动等）是谐音文化得以传承并发扬的主要途径，它们大都是借谐音传递着言语的美好，传承着人们趋吉避凶的心态。

三、日语"谐音文化"的表现方面

（一）谐音与节日"讨口彩"

"讨口彩"是利用语言的谐音和一些事物的特性，人为加以创意获得新的寓意从而寄托良好的心理愿望。想要了解日本人节日里的"讨口彩"，不妨看看日本电影《海螺小姐·新春篇》，这部影片里展示了很多利用谐音"讨口彩"的例子：如除夕夜必吃「年越しそば」（荞麦面条），除了因荞麦面细长象征着人们对健康幸福的祈祷，还有就是因为「年越し」寓意"过新年"；再如三贺日①享用的新年菜「おせち」（御节料理），是把牛蒡、鱼子、沙丁鱼干、海带卷、甘薯泥和栗子等煮至而成多彩可口的甜饭团装在层层相叠的方形高档漆盒中可以供数天食用。这里的鱼子「数の子」代表子孙满堂；海带「昆布」（こんぶ）与「喜ぶ」（よろこぶ）谐音，象征快乐欢愉；「黒豆」（豆与勤发音相同）代表勤奋工作；红白萝卜代表喜庆吉利；日本人爱吃的鲷鱼之所以是节日中不可缺少的食物之一，就是因为其发音「たい」让人联想到「めでたい」（可喜可贺）。还有年糕也是日本家家户户新年必备食品，因为日语中年糕「餅」与「持」（もち）读音相同，寓意"富有，拥有"。此外，日本人节日期间在拜神时同中国一样也有添香油钱的习俗，日本人称之为「賽銭」（さいせん）。捐献赛钱的吉祥数目可以是 5 円、45 円或 2951 円。因为 5 円的读音与「ご縁」发音一样，表示有缘自得神相助；45 円，因其发音与「始終ご縁」谐音；2951 円的发音与「福来い」谐音，可见，日本人在添香油钱问题上也有"取谐音，图吉利"的做法，他们充分运用各种谐音寓意各种愿望，表达了对美好生活的热爱和憧憬。

---

① 何自然. 模糊限制语与言语交际 [J]. 外国语（上海外国语学院学报）,1985.

（二）谐音与"语言禁忌"

同音词和音近词可以因谐音产生吉利的寓意，但有些同音词或音近词也容易因谐音联想到不吉利的词语。日本人的"言灵信仰"认为，语言是有魔力的，陪伴着我们前行的每一步履，说吉利话能给人带去好运，说不吉利话则会被周围人视为"异端"，引起不悦或不满，所以要"入乡随俗"，约束自己言行，遵守禁忌规范，才能和睦相处。例如，古往今来人们对"死"的表达都相当委婉，日语中有关"死"的同义词有 50 多种。比如说「亡くなった」（一般说法）、「お亡くなりになられた」（口语，尊敬说法）、「天国へ行った」（上天堂，孩子们常用的比喻）、「お隠れになった」（溘然长逝，通常指皇族的死）、「終わる」、「目を閉じる」、「昇天する」、「不帰の客となる」、「消え果てる」等等。再如，在日本探望病人，往往喜欢送一束鲜花，而忌讳送带根的盆栽花，因为"根"读音「根つく」音同「寝つく」，病人最忌讳卧病不起；还有送礼不能送「梨」（なし），因其发音同「無し」（一无所有）。禁忌是最古老的社会规范，体现了人们对自然万物的敬畏之心，所以，在日常生活交际中，有必要了解这些谐音产生的语言禁忌，从而限制自我言行，达到趋吉避凶让生活更为顺遂如意。

（三）谐音与"数字禁忌"

数字不仅能够用来传递准确的数量信息，而且还能够在人们思想和感情交流方面发挥作用。与中国人喜欢偶数不同，日本人对奇数更情有独钟。汉语中"4"与"事"谐音，"44"寓意"事事如意"；"8"与"发"谐音有"发财"之意；"9"与"久"谐音寓意"长长久久"。日本人忌讳数字"4"因其发音「し」也是「死」的发音，所以日本的医院、饭店等场所没有"4、14、24"的楼层数和房间号。数字"9"在日本也不受欢迎，因其发音「く」音同「苦」，所以在日本，"梳子"（「くし」谐音"苦死"）不能作为礼物送人，新年前要在门前立两颗门松须避开二十九日。此外，还要避免使用谐音寓意不好的数字组合：如数字「14」、「42」、「4989」、「4279」、「8342」等的发音谐音分别寓意"重死""去死""四苦八苦""死而哭泣"，"破产死"等，因而这些数字组合都不太会出现在日本的电话号码、门牌号码、车牌号码当中①。当然，也有一些有良好寓意的数字组合，比如，「3746」音同「皆読む」，意思是「大家一起读」，是出版社、报社喜用的数字；「46-1461」读音为「白い白い」是洗衣店的电话号码，寓意洗的衣服"白净"；出租车公司喜欢用数字「8400」，因其谐音「走れ」，有快点跑的意思，这正是乘客所希望的；牙科医院用「6480」做电话号码，因其音同「虫歯ゼロ」，寓意患者来这治疗后就"没有龋齿"。这些组合数字不仅发挥了实质作用，也为人们记忆电话号码提供了方便。从日本人对数字的好恶，可以发现是基于传统文化和语言心理特征的谐音文化为数字赋予了褒贬之义。

---

① 陈林华，李福印 . 交际中的模糊限制语 [J]. 外国语 ,1994.

（四）谐音与"文学创作"

日本的一些和歌俳句会利用同音词或近音词构成一语双关的修辞形式，在日语中被称为"掛け詞"，从而引人深思，增强文字表现力，如日本江户时期著名诗人小林一茶的俳句「故郷やよるもさはるも茨の花。」（故乡啊，到处都是带刺的玫瑰，越是靠近越是觉得难过。）在这首俳句里诗人一语双关地写出他再次回到家乡后受到的不公平待遇，使他的内心深深被刺痛。再如，日本平安初期的女诗人小野小町的和歌「花の色は移りにけりないたづらに我身世にふるながめせしまに」（花色终移易，衰颜代盛颜。此身徒涉世，光景指弹间。）这首和歌里，有两处利用了谐音：「ふる」和「降る」是谐音双关，既表"下雨"又表"时间流逝"；「ながめ」（深思）与「ながめ（長雨）」是谐音双关，既表"深思忧虑"又表"连绵细雨"。这两处谐音"掛け詞"的使用无疑为诗歌增添了艺术感染力。

日语中也有许多靠同音、谐音造成误会来构成的笑料、俏皮话，日语称之为"お洒落（しゃれ）"。比如在动漫《蜡笔小新》中，就有这样一个场景：

（番外）小新：我要压岁钱＿我要压岁钱＿！！

爸爸：（无奈。随手拿起一个玻璃球，举起来，然后松手，让球落下。）压岁钱。

妈妈：你这个笑话也太老了吧？

这段对话是漫画家臼井仪人借用了日本一个已经众所周知的笑料，即「お年玉（おとしだま：压岁钱）」与「落とし珠（おとしたま）」音近，一语双关，这也是日本大人在压岁钱问题上搪塞小孩的惯用伎俩。

（五）谐音与"语言游戏"

日语中还存在一种利用同音或音近词语或句子构成的"猜谜"或"歇后语"等语言游戏。例如：谜语「豚と馬が料理対決をしました。さて、どちらが勝ったでしょう。（猪和马进行厨艺比赛，那么，是谁获胜了呢？）」谜底是「馬勝ったです」。因为谁做的菜好吃（うまい）谁就获胜，"好吃"谐音「うまかった＝馬勝った」。再如：「お酢をコップ一杯飲むことは大変ですが、お酢をコップ十杯飲むとおいしくなるそうです。さて、どうして。（喝下一杯醋很不容易，但据说喝十杯醋就会变得很美味。请问这是为什么？）」谜底是「ジュースになりましたから」。因为「お酢」是美化语，原形为「酢」。十杯醋可以说成「じゅうす」其发音与「ジュース」（果汁）相同。

日语中还有许多歇后语，运用谐音双关的修辞手法，通常情况下，只说前一部分，而蕴含本意的后一部分隐而不说，让听话者自己去体会猜测，从而构成一种俏皮话，显得更加诙谐、生动。例如：「乞食のお粥——湯ばかり」，意思是"乞丐碗里的粥，稀得光有汤没有米"即「湯ばかり」音近「言うばかり」，言外之意是"光说不做"。还有「十五夜のお月さん——とっても丸い」，意思是"十五的月亮——好圆"，"好圆"寓意同"好缘"，言外之意是"良缘"。

另外还有一种与谐音有关的语言游戏叫"早口言葉（はやぐちことば）"即"绕口令"，它是将发音相同、相近的词语集中在一起，组成简单、有趣的语韵，然后快速念出，使人感到节奏感强，妙趣横生[①]。比如："カエルがかえる"青蛙回来；"パンダのパンだ"熊猫的面包；"貴社の記者は汽車で帰社（きしゃのきしゃはきしゃできしゃ）！"贵社的记者的汽车回来了，等等。

谐音是生活言语的智慧之光，日语"谐音文化"依据其语音基础、言灵崇拜、以及节日风俗产生并发展，中日两国在谐音文化上的差异可能会带来一定的文化交流冲突，所以面对当前纷繁复杂的国际形势，了解日语中的"谐音文化"，找到语言交际的关联性，将这种异文化的摩擦降低到最低限度有着重要意义。

第三节　文化缺省与日语学习

通过文献分析和调查研究，阐明了日语学习者与"文化缺省"的密切关系。在此基础上，通过"文化图式"理论和奈达提出的影响语言的五大文化因素说明日语学习者应当如何培养洞察文化缺省现象的能力。

"文化缺省"这一术语最早是由王东风在1997年发表的《文化缺省与翻译中的连贯结构》一文中被提出的，指的是作者在写作中对与其意向读者共有的相关文化背景知识的省略。缺省的成分不出现在语篇中，但是可以被特定的文化语境激活于读者的脑海之中。

截至2017年1月30日，笔者在中国知网以"文化缺省"为主题词进行检索，可以找到文献2326篇，可见"文化缺省"自1997年被提出后，便在语言学领域成了一个新的国内研究热点。然而基于这20年文化缺省的专门研究文献，我们不难发现约有70%是与翻译领域有关的。因为在翻译学领域，比如一本日本名著，它的意向读者自然是日本人，而处于异文化背景下的中国人在将该书翻译成中文读本的过程中，由于相关文化知识的欠缺或相异，极易出现反复翻译甚至是误译的情况。这就是文化缺省的研究多集中在翻译领域的原因。

一、文化缺省之于日语学习者

文化缺省与翻译领域的绑定是否意味着了解和学习文化缺省现象仅仅是翻译学者们的工作？答案显然是否定的。作为一个日语学习者，文化缺省同样需要了解和掌握。

日语学习者学习日语的初衷或目的概括起来无非是"文化相关""就业相关"和"出国相关"三大类因素。如果是文化相关，比如当我们阅读日语原著时，如果完全不了解文化缺省的内容，就会对文本内容百思不得其解进而影响正常阅读，而当缺省是作者刻意为

---

① 李璐.中国日语学习者模糊限制语使用情况研究 [J].汉日语言对比研究论丛,2017.

了表现主旨采用的写作手法时，我们又怎能真正理解作者的写作意图和思想情感呢，又怎能真正进一步去感受所爱的日本文化呢？如果是就业相关，比如有的同学要当日语翻译，进入日资企业，文化缺省在翻译中的作用自然不用再说了。只要是和日本人交流，他们说的话中就有可能出现文化缺省，这里就可以看出文化缺省的另一个功能——交际。如果是出国因素，即在日本留学，工作以及定居生活等。这就意味着日语将融入生活中成为不可缺少的东西，如果你不能洞察文化缺省现象，有时就不能真正理解别人说话的意图，可能就会引起尴尬和误解。长此以往，无法获得交谈的乐趣，身在异乡就会有不尽的烦恼和孤独感。

所以，不管出于什么原因和目的学习日语的，作为语言学习者，我们都需要培养洞察文化缺省的能力。

二、如何培养洞察文化缺省的能力

既然文化缺省对于我们至关重要，那么我们又该如何树立文化缺省意识呢？这就需要我们通过"文化图式"深层剖析文化缺省的激活模式。文化图式指的是社团成员在长期的生活中，受本社团文化传统，社会背景，宗教信仰及风俗习惯影响而形成的认知结构和价值观念，它们围绕不同的主题以图式的形式贮存在长期记忆中。

图式由空位构成，空位又由填充项填充。激活空位，即由填充项填充空位。简而言之，文化图式是一种相对稳定和静态的认知心理状态，它为人们的交际活动提供了文化上的认知基础。而文化缺省就是建立在文化图式基础上的，缺省的内容来自语言符号表征的，交际双方都熟悉的某一文化图式。文化图式运用于交际过程通常表现为两种形式：一是通过图式激活图中的空位，二是通过激活空位来激活图式整体。而在不同的语境中，相同的语符极有可能激活不同的空位，从而传递不同的文化缺省内容。

所以，可变因素我们是无法控制的，我们能做的就是完善文化图式。只有当我们的脑海中相关的图式备用时，才能在输入信号时激活相应的空位以及图式整体。而我们在日语学习过程中，如果不去了解那些中日两国相异的或者日本独有的文化，就会在一些领域出现"文化空缺"，即不能完善记忆中有关日本的文化图式，这也就导致日语学习者无法有效地洞察文化缺省现象。例如，我们的日本概况课本中提到过日本人在吃饭时非常忌讳用筷子夹菜给别人，对方再用筷子接过菜这一行为。而原因竟然是这个行为在日本象征着佛教中丧礼捡骨的仪式。对于日本人来说，他们自然知道忌讳这一行为的原因，书中也就省略没说，即文化缺省，而这个关于葬礼的宗教文化对我们来说是一种文化空缺，我们从未了解过，在书里看到这个内容时自然就会困惑不解[①]。由此可见，注重文化习得相当重要。作为语言学习者，我们只有从"生态文化，物质文化，社会文化，宗教文化和语言文化"这五个方面不断填补文化空缺，完善文化图式，才能更好地培养我们洞察文化缺省的能力。

---

① 潘红娅.汉日模糊限制语的语义分类与功能 [J].开封教育学院学报,2017.

日本著名语言学家西田广子曾指出，"异文化交流能力即文化背景不同的人为了进行适当地沟通，根据不同的状况，运用恰当的语言，采取适当的交流行动的能力。异文化交流是外语语言运用能力的综合体现。"因此，我们不但需要熟练、正确地运用语言，更重要的是能理解异文化，并且能将这种理解，提高到语言交流的层次，体现在交流中。因此，在语言学习过程中，只有同样重视语言和文化，只有不断完善自己的文化图式，文化缺省才不会成为影响跨文化交际的难题。

第四节　日本文化背景与日语暧昧表达

暧昧表达是日语的一个重要特点，其产生的主要原因是日本传统文化及日本独特的自然条件和社会生活条件。使用这种暧昧的表达方式，意在使得人与人之间的沟通变得更加和谐、更为顺畅。日语学习者在学习日语时，要多关注其背后的文化，做到知其然且知其所以然，这样才能学到标准的日语。

刘宗和在《日语与日本节化》一书中指出："语言是文化的一个组成部分，又是文化的载体，文化的传授和传播必须借助于语言。语言受文化的影响，反过来又对文化施加影响。"语言是民族文化的外现。欧美人喜欢直接爽快的说话方式，喜欢单刀直入；相反，日本人更喜欢使用含蓄的表达方式，这样可以让人感受语言的韵味，也给人留有想象的余地，同时也可以避免无礼，避免与他人发生正面冲突。这种暧昧的表达方式是日本人与人之间交流的润滑剂，它不仅反映出许多日本人传统的生活方式和传统文化，还反映出日本人的思维方式、审美习惯和语言心理。日语的暧昧表达在世界上可谓特色鲜明，是体察文化的集中体现。体察文化在日语表达中随处可见，意思是借助别人的眼神、动作和一些肢体语言，来达到体谅别人、理解别人的效果，尽量做到体谅别人的心情，尽量做到说话得体。此外，日本人还有神灵信仰，语言被认为蕴含着神灵的力量，所以说话的时候要小心谨慎，如果触动了"看不见的神灵"，就会引来灾祸。

日语的暧昧表达有多种形式，本节主要从日语词汇、日语句子两方面分析其暧昧表达，并分析其产生的深层原因。

一、日语暧昧表达的表现形式

（一）基于日语词汇的暧昧表达

日语暧昧表达可以通过使用模糊的词语和含糊不清的表达方式来实现。

我们可以从副词和结尾词的使用中看出日语暧昧表达这一显著特征。

日语副词有很多，比如「そろそろ」「まあまあ」「ごろ」「ぐらい」等副词的使用频率就非常高。如：

（1）そろそろ出かけましょうか。（咱们就走吧。）

（2）A：今日はお元気ですか。（今天您好吗？）

B：まあまあですね。（还可以吧。）

日本人喜欢使用程度副词，接在数量词后面。如：

（3）七時ごろ帰ります。（7点左右回去。）

（4）宿題を終わるのは2時間ぐらいかかりました。（做完作业花了2个多小时。）

日语也可以用结尾词来表达暧昧的感情，比如「～ぽい」「らしい」之类的结尾词。这类结尾词可以使句子变得更加委婉含蓄，如：

（5）あの男の子はちょっと女っぽいよね。（那个男孩有点像女孩。）

（6）あの人は女らしい。（那个人像是女人。）

日语语言交际过程中讲究"以心传心"，那就是要利用已有的经验和背景知识，揣摩对方讲话的真正含义。与句子表面的含义相比，日本人更喜欢"弦外之音"。此外，日本人在说话时很重视别人的感受，认为直接拒绝别人，是对对方人格的否定，为了避免这种说话方式，他们会使用间接的拒绝来表达自己的想法。比如下面的例子：

（7）お考えはよくわかりますが。（我明白您的意思，但是……）

（8）行きたいですが．．．．．（我很想去，但是……）

（9）A：ちょっとお茶でも飲みませんか。（去喝点茶之类的怎么样？）

B：今日はちょっと．．．．．（今天有点不方便……）

在例（9）中，日本人A在请对方喝茶的时候，利用委婉的语气来邀请对方，从对方的想法出发，尽量满足对方的喜好。但是日本人B今天稍微有点不方便，省略了不能去、不去的言外之意①。这样回答既不伤害对方，也回避了自己的难言之隐。例（9）中的「ちょっと」是日语中使用频率很高的一个副词，又如：

（10）あとちょっとだけ待ってね。（请再等一会儿。）

（11）予定の時間になりましたが、講師の都合でちょっと遅れます。しばらくお待ちください。（虽然到了预定时间，演讲者有情况会稍微晚一点来。请暂且等一下。）

（12）あまり時間がとれないんだけど、あさっての午後にちょっとだけでもお宅に行っていいかしら。（虽然我抽不出时间，但是可以后天下午去您家拜访您一会儿。）

例（10）表示不知道具体再等多久，只能再等等。日本人听到例（11）这类话的时候都不会抱怨，他们会猜想演讲者是不是已经来了，但是去卫生间了；或者工作人员已经和他取得了联系，但他正在路上，还没有到。在例（12）中说话人没有明示具体在别人家呆多长时间。

（二）基于日语句子的暧昧表达

在句子方面日语常用句尾的形式来表达含糊不清的感情。比如在句尾加上「ようです」

---

① 潘红娅.汉日模糊限制语的语义分类与功能[J].开封教育学院学报,2017.

（好像）、「でしょう」（大概）、「かもしれません」（可能）、「と思われます」（认为）等，使整个句子都变得婉转、含蓄，语气得到缓和。日本人认为讲话越委婉越含蓄，越能显示做人的修养。如：

（13）彼は合格してうれしいようです。（他合格了，好像很高兴的样子。）

（14）初めて日本に来た外国人にとって何よりもまず大切なことは、日本の社会の規則と生活習慣を知ることでしょう。（对于初来日本的外国人来说，首先要了解日本的社会规则和生活习惯，这大概比什么都重要吧。）

（15）彼は今日の会議に参加することができないかもしれません。病気だそうです。（他好像不能参加今天的会议了。好像是生病了。）

（16）日本の経済はこれからますます縮小していくと思われます。（我认为日本经济可能在以后会成缩减趋势。）

除了在句中使用模糊的词语和在句尾使用含糊不清的表达方式之外，日本人还喜欢使用随声附和的方式来表达语言的暧昧性。比如「はい、そうですね」「ええ、そうですね」就是常用的附和语。又如：

（17）A：今日は暑いですね。（今天真热啊。）

B：はい、そうですね。（是啊。）

初学日语的人会认为，这是同意对方的观点的表现。其实不然，不管听话人同不同意，在听完说话人讲话后，用这些没有实在意义的词语，表示自己正在听、并且正在参与对话，这是一种随声附和的语言。日本人追求和谐的对话氛围，这些词语能让双方产生一种和谐的合作关系，使对话顺利进行。

二、日语的朦胧暧昧之美

日本人见面的时候，会说"早上好""中午好""晚上好"等，而中国人见面的时候大多会说"您好！""您去哪里？""您吃了吗？"

日本人与人之间互相寒暄的时候，会用一种暧昧的方式来表达对彼此的关心。比如，在问对方去哪里时，对方一般不直接说去哪里，而是喜欢使用模糊不清的语句来表达自己的想法。这些都需要双方去把握和体会。比如：

（18）A：お出かけですか。（要出门吗？）

B：ええ、ちょっとそこまで。（嗯，到附近转一转。）

日本人认为没有必要把自己的私事告诉别人，所以会礼貌婉转地回复对方。对方也不会继续追问下去，那样是没有礼貌的表现。这已经成了日本人与人之间维持和谐人际关系的基本准则。

另外，日本是个岛国，天气多变，所以寒暄的时候还会围绕天气进行寒暄，他们常说"今天天气真好。""今天好冷啊。""今天太热了。"这也成为日本民族特殊的文化内涵和交际手段。日本有着得天独厚的气候，一年四季不断变化的美景使日本人更容易发现美的情趣。日本人写信的时候，开头会有季节问候语，并且每月都不一样。他们对季节的变化非常敏感，如：

（19）朝夕は涼すずしくなってまいりましたが、お変わりなくお過ごしのことと存じます。（已经到了早晚日益凉爽的时候，想必您别来无恙吧。）

例（19）通过问候季节，传达了心意，增强了彼此的亲密感和信任感。

此外，日本人亲近自然，与自然和谐相处，这种自然观也常常通过日语的暧昧性表现出来。春夏秋冬有各自的季语，这些季语蕴含着日本人独特的审美观，反映出人与自然的融合。代表三月的春季季语有「雛祭り」「山笑う」「鶯」「春分の日」「卒業」「春風」等，代表四月的春季季语有「四月馬鹿」「入学」「桜」「花見」等，代表五月的春季季语有「茶摘み」「子供の日」「立夏」「母の日」等。代表六月的夏季季语有「衣更え」「梅雨」「蛍夏至」「簾」等，代表七月的夏季季语有「七夕」「朝顔」「祇園祭」「海の日」「蓮」等，代表八月的夏季季语有「立秋」「浴衣」「お盆」等。代表九月的秋季季语有「敬老の日」「月見」「冷ややか」「秋分の日」「菊」等，代表十月的秋季季语有「紅葉狩り」「秋深し」「柿」等，代表十一月的秋季季语有「渡り鳥」「立冬」「七五三の祝い」「行く秋」等。代表十二月的冬季季语有「お歳暮」「冬至」「クリスマス」「除夜の鐘」等，代表一月的冬季季语有「新年」「元日」「お正月」「初春」「雑煮」「年賀状」「成人の日」「雪」等，代表二月的冬季季语有「春分」「立春」「雪祭り」「梅」等。

日本人喜欢用自动词（不及物动词）而不用他动词（及物动词）来表达想法，把为他人做的事情故意叙述为客观形式的存在。比如：日本人表示请别人喝茶的时候常使用「どうぞ、お茶が入りました」，而不是「どうぞ、お茶を入れました」，用自动词「入る」让人感觉茶是自然泡成的，这样让客人觉得不是在施舍恩惠，让人容易接受、不用太在意。

日本人不喜欢炫耀自己，比如他们在日常生活中经常说到「つまらないものです、どうぞ」（小小礼物不成敬意，还请您收下），还常说「何もございませんが、どうぞ召し上がって下さい」（没什么可口的饭菜，请尝尝吧）。

三、日语暧昧表达产生的文化背景分析

任何语言的表达特征都和相应国家的文化背景有关。下面从地理、文化、历史、心理等方面对日语暧昧表达产生的原因进行分析[①]。

日本是一个岛国，四面环海、气候温和。山脉、河流等把日本本土分成了一个个小天地。日本人与人处在结构简单、人际关系单纯的小天地里，过着日出而作日落而息的农耕与捕鱼生活。在早期的农耕与捕鱼生活中人与人之间不需要说很多话，一天中可以只说「おはよう」「食べたよ」「寝る」等就可以正常交流、互相理解了。此外，日本是一个单一民

① 李阳芷. 关于日语中模糊限制语的考察 [D]. 内蒙古大学,2017.

族国家，沟通比较容易，随便说半句话或几个字，彼此之间就能够心领神会。这就是日语暧昧性产生的社会基础。在日本，人与人之间这种心领神会的沟通方式被称作"以心传心"。

日本的农业生产主要以稻作为主，长期的稻作生活，造就了日本人含蓄内敛的性格；同时日本是一个多地震的国家，需要人与人之间多配合，才能很好地生存下去。这样形成了日本人共同协作的理念，集团意识非常强烈。为了协调好人际关系，日本人喜欢察言观色，做事说话小心谨慎。

日本的文化深受中国儒家文化的影响。比如说"以和为贵"，日本历史上的圣德太子在第17条宪法里曾写过「和を以て貴しと為し」（以和为贵）。"和"是日本人共同遵守的道德准则，和谐的人际关系是他们生活的动力。这种和谐的心态，可以减少与别人发生正面冲突，使彼此互相留存面子。

历史上曾有一位名叫千利休的和尚，他在年轻的时候，师傅曾经问他怎样才能使庭院变得更美。千利休走到树下，摇起了树，看着遍地落叶，对师父说："如此更美。"这种不刻意追求完美，喜欢落英缤纷的美，在日语中被称作「勘」「雅」，这是被日本大众普遍接受的审美意识。

在心理上，日本人普遍认为，自己的国家在整个地球上是一个地理面积非常小的国家，为了更好地生存下去日本人在与其他国家交流的时候通常会表现出一种谦让与合作的态度，即使有一点不满，也不会说出来。长久以往，就逐渐形成了日语独特的暧昧表达。

暧昧表达是日语的重要特点，其表现形式丰富多彩，它的产生和发展深受日本独特的自然条件和社会生活条件、日本人传统的生活方式和传统文化的影响，折射出日本人的思维方式、审美习惯和语言心理特征等。而且，这种暧昧的表达方式被日本人看作是一种美德。体察文化、言灵信仰、为别人着想、以心传心等等构成了日本文化的主要内涵。文化会影响语言，语言用以表达文化，在学习日语的时候，要多关注其背后的文化，做到知其然且知其所以然，这样才能学到标准的日语。

第五节　日语中"场"的文化

本节从"场"的原理、结构、体现等方面介绍了"场"的概念，重点解读了"场"的四元结构，即为内在视点、二重生命、"场"中的即兴剧模式及交际行为中潜在的交流要素，最后揭示出"场"的理论在日语教学中的意义。

一、"场"的概念

"场"的理论是日本当代的生物物理学家清水博在肌肉收缩运动的实验中发现的。他把肌肉的运动性的蛋白质分子提取出来，进行人工排列，使液体能动性地流动，而这时微观的水流就会相互联系起来。通过流动这个媒介作用，分子间相互刺激同时也相互联系而开始运动，它们自我系统化形成外部可视的宏观的水流。清水博把产生这个现象的地方称为"场"。

"场"的理论认为地球的整个生命（自然环境）及每个个体，在一个场中不分离，相互发生作用。因此，人与自然，自己与他人成为一体，共存一个场中相互发生作用。因此，"场"是存在意识上的一个概念，而不是物理学现象中能够看到摸到的空间，它是我们有意识或下意识地能够捕捉时间或空间上的领域。

二、"场"的结构

"场"具有内在视点、二重生命、"场"中的即兴剧模式和交际行为中潜在的交流要素，即为"场"的四元结构。对此，略作以下解读：

（一）关于内在视点

"场"的理论将说话者和听话者放在文脉内侧，成为文脉的要素。研究者也是站在说话者的立场从内面进行研究分析。研究者不是通过旁观者的视点，而是通过话语者眼睛即内在的视点，真实地捕捉到谈话场中时时刻刻的变化。

（二）关于二重生命

这是"场"的最根本的特征。清水"场"的理论解释为：自己具有双重结构，在自己的周围有个很大的"下意识的领域"。这个下意识的领域在感觉上与他人可以共存的，而这个领域就是"场所的领域"。中心部分是"以自己为中心的自己"。

（三）关于即兴剧的模式

"场"具有动态模式理论，即"场"根据要素的变动而变化的模式。这个比作即兴剧，剧中有舞台，有演员，有观众[①]。情节大致决定了，而实际上还需即兴发挥展开戏剧。每个演员每说一个台词，场面就会发生变化。这个"场"也会接受观众的反应，时时刻刻地变化着，不知道下一步会发生什么，但剧总会演下去的。这也是人们日常生活中的姿态。这个结合现实的动态模式，即是"场"的理论中的即兴剧模式。

（四）关于潜在的交流因素

人们打电话或发信息，时有沟通不顺甚至产生误解的时候，但见面之后，面对面说，"原来是这样"，谈话会融洽进行。为什么面对面地交流会发生这种现象呢？原因在于人或动物具备身体运动的同步性，即存在潜在的交流的因素。

---

① 闫志章. 汉语对日语的影响 [J]. 科技资讯，2008（11）.

三、"场"的文化

（一）语言具有"场"的特点

日语委婉含蓄，日语的主语、人称代词、敬语等许多语言现象与日本"场"的特征密切相关。比如日本问候的寒暄语：A：お元気ですか。（您好吗？）B：おかげさまで、元気です。（托您的福，我很好。）"おかげさまで（托您的福）"，它基于感谢上苍赐予我们生命我们这个缘分的认识，这是"场"的文化的出发点。

日本人在吃饭之前说："いただきます"。这句话看似简单而翻译成汉语不太好翻译，说"我领受了"不符合汉语的表达，译成"那我不客气，就动筷子了"等等，勉强可以。语言含有各自国家的文化要素，完全对应地翻译确实很难，有时是做不到的。上面"いただきます"的这句日语就包含了"场"的文化的要素。这位话语者想到的是感谢对方的辛苦，感谢上苍赐予我的食物。包含有"いのちをいただきます"，"感謝をいただきます"（领受生命）等意思。

（二）传统文化里的"场"

茶道是日本传统文化的强大传播场之一，也是"场"的文化的缩影。在这个狭小的"场"里，把日本人的和、敬、清、寂的茶道精神表现得淋漓尽致。"一期一会"是日本茶道的普遍用语。"一期"表示人的一生，"一会"意味着仅有一次相会，劝勉人们应有所珍惜身边的人。主人要千方百计，尽深情实意，不能有半点疏忽。客人也须以此世再不能相逢之情赴会，热心领受主人的每一个细小的匠心，以诚相交。这个是看得见与看不见的"场"，心的交流、精神的交流的"场"，是传播日本传统文化的最美的"场"。

（三）文学作品里的"场"

私小说是日本近代文学史上一种特殊的文学形式。笔者认为私小说可以理解为是日本"场"的文学。在一个个小的共同体形成的人际关系的这个场中，描写"我"。写"我"与外部世界的这个"场"是怎样关联着的。这个外部世界就是近代的共同体。这种形式的小说让真实的自己活动在一个真实的环境和社会中，给读者一个真实的生活片段，让读者、作者与小说中的"我"共鸣产生一个强"场"。川端康成的《伊豆舞女》。作品描写的是主人公—"我"这个孤独少年，（可以看作是一个"场"），与旅途中一个艺人—纯洁少女（可以看作是另一个"场"）心灵交流的故事。使少女的形象美、自然美、人情美相融合，并与读者共鸣，构建成一个个的"场"，淋漓尽致地展示着日本独特的传统之美。

四、"场"的哲学对日语教学的启示

（一）可以用新的视角研究语言与文化的关系

以"场"为原理为研究语言和文化的关系，提供了一个新的理论根据。"场"原理是普遍存在的，只不过日语在这个"场"中，表现出极为突出的特点。开发和应用各种语言"场"的原理，揭示各种语言与文化的关系，可为我们解决很多以往解释不了的语言现象。

（二）补充和完善了近代以来的"要素还原主义"的研究方法

"场"的语用论的研究启示学界，应当更多地从本国的实际出发，开展语言研究。正如井出祥子所指出的那样，异文化之间语言的交流要从本国的语言背景出发，日语是按辨识的语用论规则交际，不应一味追随西方的语言规则。

（三）有利于促进日语教学的发展

"场"的语用学阐明了日语所固有的鲜明特征的根源，揭示了日语与文化的紧密关系。日本是"场"的文化，日语就是"场"的语言，为我们理解日语的特点，掌握好日语教学，促进教学相长，提供了一把新钥匙[①]。

（四）有利于各种语言求同存异，和谐共生

将生命科学的理论应用于语言社会学现象中，揭示日语语言的本质特征。应用和发展"场"的语用论，为世界尊重和理解各国间的文化差异，求同存异，共存共生，共同和平发展提供了新的思维和深远的启示。

第六节 日语"草"的隐喻思维及文化内涵

语言的本质是隐喻式的，是人类思维的基本方式。因此，隐喻能够将事物描写得更加灵动、形象。日语的语言体系中存在大量的植物隐喻，这些词汇反映了该语言、民族看待与认知事物的独特的思维方式。其中，"草"作为随处可见的植物，在日语里具有丰富的语义内涵，其隐喻表达也是丰富万千。通过分析日语"草"的隐喻性表达，可以揭示出隐藏在语言背后的、不同于其他语言的思维方式及文化内涵。

隐喻研究一直是认知语言学的核心领域之一。认知语言学认为，隐喻（及隐喻表达）不仅仅是一种修辞手段，也是人类认知思维的一种外在表现。因此，语言在本质上是隐喻式的，是人类思维的基本方式。与传统修辞学相比，认知语言学更注重隐喻的媒介域及对象域——即源域及目标域的情感表达及其文化内涵，进而探求人类认知事物的基本方略与

---

① 刘元满. 汉字在日本的文化意义的研究 [M]. 北京：北京大学出版社，2003.

普遍规律。

　　"草"无处不在，是人们日常生活中接触最多、也是最熟悉的植物之一，因此，以草作为源域的隐喻具有必要的经验基础。很多语言、民族都能够熟练地运用各种"草"（或包含"草"）的词语来表达各种思想情感，但不同的语言、不同的时代中的"草"往往具有不同的隐喻思维和文化内涵。比如，汉语"草"和英语"grass"在"人""事物""生活时间""场所""情感"等诸多领域具有各自独特的隐喻思维和文化内涵，而唐诗中的"草"的隐喻思维和文化内涵又与《诗经》、楚辞及宋词的大为不同。关于"草"的隐喻表达和文化内涵，虽然众家多有论述，但对日语"草"的隐喻思维及文化内涵国内外学界尚鲜有研究。鉴于此，本节主要以日语平衡语料库少纳言、中纳言以及《大辞泉》中收录的例句为语料，探究日语"草"的隐喻表达及其体现的、蕴含在语言背后的文化内涵。

一、日语"草"的本义及延伸概念

　　日语"草"原有的植物学范畴主要有三：一是"植物のうち、木質の部分が発達せず、地上に現れている部分が柔軟なもの"（植物中木质部不太发达，地上部分较柔软的植物）；二是"自然に生える役に立たない雑草"（自然生长的并无大用的杂草）；三是"秣（饲料草）"（《スーパー大辞林 3.0》，中文为笔者译）。

　　其中，"植物のうち、木質の部分が発達せず、地上に現れている部分が柔軟なもの"中的"発達せず"和"柔軟なもの"指草是"未成熟的""娇弱的"，因此草有"柔弱、渺小"的引申义，这也是草的典型特征。"雑草"在大自然内处于随处可见而无大用，给人"平庸、渺小"的印象，而且任意生长，不易铲除，因此"草"的语义又被进一步扩张为持有"生命力顽强"的特质。"秣"是食草动物的常用饲料，人在听到牧草后，联想到"草食"等关键词的可能性很大。由此可见，日语"草"具有丰富的语义内涵，这些内涵为"草"的隐喻用法提供了重要的语义基础。

二、日语"草"的各种隐喻性表达

（一）人

1. 目标域为人自身

　　（1）巨大な城郭だけに、その防備も大変なものだ。お江たち草の者は、まだ城内へ入っていない。（『真田太平記』）

　　（2）四十七歳のアールは軽い精神分裂症です。孤児院で育った彼は身寄りのないほんとうの根無し草です。（『日日のアメリカ』）

　　"草の者"意同"忍者"，"室町時代から江戸時代の日本で、大名や領主に仕え、また独立して諜報活動、破壊活動、浸透戦術、謀術、暗殺などを仕事としていたとされ

る"，即从室町时代至江户时代或服务于大名、领主身边或独立伪装成普通的、不起眼的武士、商人、僧人等等的间谍、忍者。因为职业的特殊性，他们需要伪装得平庸无奇而不引人注目。此外，"草"的外形有"渺小、平庸"的特点，与间谍、忍者的特性相似，因此"草の者"能自然地通过隐喻来形容间谍、忍者等人物本身[①]。"根無し草"中文为"无根之草"，无根之草的外在是处于没有生存之地，漂泊无所依的状态，多用来形容无依无靠的人，如句（2）中的孤儿等。

2. 目标域为人的品行

（3）雑草のような旺盛な生活力をもっている。（MOJI 辞典）

（4）わしの言いたいのは悪徳のやぶ医者連中のことで、そりゃ立派なお医者様にゃ月桂樹の栄冠がお似合いだけどさ。（『ドンキ·ホーテ』）

（5）そもそも、アラサー女子が草食系男子に求めているのは「癒し」効果なのだという。（Yahoo! ブログ）

"雑草"有两个延伸出来的内在特点：一是对人来说本来意义上的无大作用的平庸；二是不易根除的、顽强的生命力。句(3)在人的品行与杂草顽强的生命力之间建立对应关系，称赞其具有像杂草一样的顽强不屈的生命力；句(4)"やぶ医者"中的"やぶ"本义是"雑草雑木などの密生しているところ"，即"杂草丛生的地方"，将杂草平庸无用的内在特质映射到人的品行上。句（5）的"草食系"指"態度や行動が消極的でおとなしいこと。特に恋愛に消極的なこと"，即"在恋爱上不够积极主动、态度消极的男性"，而那些积极、大胆恋爱的男性日语则称为"肉食系"。也就是说，性格温柔、外表白净清秀、给人柔和温暖的感觉的男性，对待爱情就像食草动物一般友善温和，这与日语"草"在植物学范畴内"秣"，即牧草给人柔弱、无攻击性，食草动物温和无害具有很多共同特征。因此借此相似性来隐喻这类男子的温和特质。

3. 目标域为人的情感

（6）秋の野に咲きたる花を指折りかき数ふれば七種の花

萩の花尾花葛花なでしこの花女郎花また藤袴あさがほの花

（『万葉集』山上憶良）

"秋之七草"是日本"物哀"文学的重要代表之一，生长在秋天的七种代表性植物，与日本人民的生产、生活密切相关，具有丰富的象征意义，也寄托了日本人民的各种情感。罗晓莹指出"秋之七草"分别指"萩"（胡枝花）——含有胆怯、忧虑之意、"尾花"（芒草）——祈祷稻米丰收、"葛"（葛草）——具有较高药用价值、"撫子"（石竹花）——象征纯洁的爱情和日本女性、"女郎花"（黄花龙芽）——代表纯洁的少女、"藤袴"（华泽兰）——气质高雅与"桔梗"（桔梗）——代表温和的爱情和永恒不变。

[①] 王丽. 日语与汉语的相互影响 [J]. 科技展望，2016（30）.

（二）自然

（7）拝啓秋の七草の季節となりました。（『手紙の書き出し実例集』）

（8）琉球の世の主（王）の墓がどうしてこんな草深い地にあるのでしょうか。

（『読谷風土記』）（9）今年も「いなべ草競馬」が行なわれます。かつて、いなべ市周辺で見られた農耕馬の競争を再現しようと、地元の愛馬会の主催で開催されます。

（三重県観光連盟公式サイト）

如前文所述，"秋之七草"本是生长在秋天的七种代表性植物，其中，胡枝花、芒草等草本植物多在 6、7 月份冒芽生长，季节性特点十分明显，因此日语信件开头的问候处，常借此隐喻四季中的秋季。"草深い"原指草深，野草繁茂的地方，也有"いかにも田舎めいている。ひなびている"，即乡村，偏僻之处的意思；"草競馬"中文译名为"乡村赛马"。杂草多生长于偏僻，田野处，运用草的自然生长特性来隐喻"乡村"或"非正式之物"。

（三）其他

1. 目标域为某行为或动作

（10）これは蒸氣機關車の牽つ張る汽車に乗つて悉皆草臥れて、蒸氣機關車惚け、を起したせゐではないかと思ふが、果してどんなものかしらん？（『福壽草』）

（11）草を打って蛇を驚かす

（12）だが、山を踏破し、川を渉り、野に草枕を引結びなどしたわけではない。

（『国語精粋記』）

句（10）中的"草臥れ"是"累，疲劳，疲乏"的意思，源于《诗经》中的"草卧"，字面义为"草に臥す"，即卧倒在草地上。句（11）与中文"打草惊蛇"意思相同，出自宋郑文宝《南唐近事》——"王鲁为当涂宰，颇以资产为务，会部民连状诉主簿贪贿于县尹。鲁乃判曰：汝虽打草，吾已惊蛇。"打草惊了草里的蛇，原比喻惩罚了甲而使乙有所警觉，后多比喻做法不谨慎，反使对方有所戒备。句（12）中的"草枕"是"露宿，旅行，不能安枕的旅途睡眠"的意思，字面义为"把草捆扎起来当作临时的枕头"，进而引申到露宿、旅行。

2. 目标域为事物的状态

（13）日本の民法（旧民法）の草案を起草するにあたって、ボアソナードは、以上のようなフランスでの判例・学説の展開に影響を受け（『入門日本近代法制史』）

（14）日本のテレビ史では、草創期とでもいうべき第一期は、一九五三年から五七年までとしたい。（『新放送メディア入門』）

（15）意見を聞きたい人たちに本書の草稿を電子的に送り、だれがいつ出したのか一目でわかる電子メールで修正案を返送してもらう。（『ビル・ゲイツ未来を語る』）

草是植物生长出地面而未成熟的部分，因此日语中有很多说法，如"草案""草創""草稿"等表达都表示事物处于发展的前期状态，需要后续不断地修正、加以完善以达到事物发展的成熟阶段。即在"草"本身的状态与事物的发展状态（多指开创期）之间建立起对应关系，而隐喻的基础就是"未成熟"这样的共同特征。

三、日语"草"的隐喻思维及文化内涵

（一）隐喻思维

日语中将"人的品行"作为目标域时多运用"草"的延伸意义，如"顽强""随处可见""平庸"等，而"草"本身的外形特点，如"渺小，娇弱"等则多以"人自身"为目标域，即"草"的外在特点对应人的外形或外在物质状态，"草"的延伸内在特质对应人的内在品行，在概念层面上呈现一一对应的状态；以"自然"为目标域时，多以"草"的自然生长特性进行延伸，如秋季生长的草引申至悲伤之情等等；以"某种行为或动作"为目标域时，以"草"为对象实施动作，根据其动作的类似性延伸到对人或对事物的动作上；以"事物状态"为目标域时，由于"草"的本义指植物冒出地面的不成熟的部分，所以多比喻事物发展的前期不成熟阶段。以上几类的"草"的隐喻及隐喻性表达，最终都能归结到日语对"草"的基本认知上来，基于对草的自然习性及生长状态的识解，日语创造出众多贴切而又形象的隐喻[①]。

（二）文化内涵

日语中的"草"小至生活物品，大至"物哀"文化，已然成为日本节化中不可或缺的一部分。"秋之七草"中，萩即中国的胡枝花，每年从干枯的枝杆旁长出新芽，在日本全国各地，尤其关东地区的盂兰盆节上作为祭祀物品使用；芒草与水稻相比，抵抗风灾、虫害的能力强，又耐寒耐旱，是生机与活力的象征。在日本千叶县与神奈川县一带，每年六月二十七日举行庆祝活动，晚上以芒草茎为筷子吃面食，以祈祷水稻能如芒草一般苗壮成长。这些都说明给予了人类恩惠的植物对日本人民来说是大自然的馈赠，值得尊敬甚至推崇。"女郎花（おみなえし）"，因其外形温顺、可爱，常用来形容纯洁的少女；桔梗为多年生草本植物，开暗蓝色或暗紫色的花，在日本人心中代表着温和的爱情、亲切、永久不变等等，由此亦可以看出许多草本植物在日语里均被赋予了不同的象征意义与文化内涵。

总之，日语"草"中蕴含了该语言、民族看待和认知事物的隐喻思维及丰富的文化内涵。本节通过分析"草"在日语中的各种隐喻性表达，从草的外形，自然生长特性（季节性），延伸意义中的内在特性（"顽强""平庸"等）的角度，具体分析了以人、自然及行为动作、事物状态等作为目标域的隐喻性表达及其背后蕴含的独特的文化内涵。每一种具体语言都带有某种印记，反映着一个民族的特点，日本人民在长期的物质生活与社会文

---

① 杨森. 日语词汇对汉语的影响探究 [J]. 科技视界，2016（1）.

化中，通过与草等自然界中的万物不断地接触，认知并创造了各种隐喻，产生了独特的思想情感与文化内涵，并体现在语言、生活、风俗中的方方面面。

第七节　外来文化对日语谚语的影响

谚语是一个民族在长期的生产过程中总结出来的，通过简短而凝练的语言表达出一定的幽默，讽刺或者人生哲理意味的短句。谚语的发展是日本节化发展的一个缩影。日语谚语中从起源到发展至今，有一部分是本土固有的，被完整地保存下来，也有很大一部分是吸收中国、西欧，以及英语中的一些俚语、歇后语等为日语所用至今，这与其大规模地吸收外来文化有着密切的关系。通过研究日语谚语的起源，发展，可以看出外来文化对日语谚语的影响。

谚语并非出自某个人，也并不是突然出现的，而是通过长期生活经验的积累、智慧地结晶，被人们口口相传的经典词句。日本的谚语体现了日本劳动人民通过与自然的相处得到的宝贵经验以及对社会的认知。日本的谚语产生于江户时代，经过时代的变迁，日语谚语也发生着变化，人们不仅把喜怒哀乐，而且把自然与人类之间的关系，甚至于把动物、植物、生态等内容都融入了谚语之中。日语谚语中有体现日本传统文化的谚语，还有一部分是从其他国家吸收的谚语。究其原因，和日本节化的特性有关。日本在保留本国文化的同时积极吸收外来文化，通过几次大规模吸收外来文化，日语谚语也融入了一些新的元素。本节对日本固有的谚语进行研究，只针对日语谚语中吸收外来文化的部分进行论述，以此来窥探外来文化对日语谚语的影响。

一、日语谚语与日本对外来文化的吸收

众所周知，谚语产生于民众，是人们在长期的生产和生活中积累的经验和教训。谚语中包含了自然现象，动物和植物，体现了劳动人民智慧和生活的哲学。日语谚语内容丰富，其中外来的谚语占了很大的一部分。如果没有外来谚语的话，日语谚语也缺失了新的生命力，可见外来文化对日语谚语的影响之深。而外来文化对日语谚语的影响主要源于日本历史上对外来文化的吸收。

韩立红教授在《日本节化概论》中提到，与中国文化相比，日本节化在吸收外来文化的过程中得到了跨越性的发展，可以说日本历史就是吸收外来文化的历史，如果没有外来文化的吸收，日本节明会呈现出不同的状态。韩立红教授指出，日本历史上曾经三次大规模地吸收外来文化：大化改新时期对中国隋唐文化的摄取、明治维新时期对西欧文化的摄取，以及第二次世界大战后对美国文化的摄取。这三次外来文化的吸收影响着日本人的生活，同时也影响了日语谚语的发展。

二、受中国文化影响而产生的谚语

众所周知，日本与中国隔海相望，得天独厚的地理环境加速了日本对中国文化的吸收，在飞鸟时代的日本与亚洲的文明中心古代印度和中国相比，古代日本文化处于低水平的状态。古代日本文化与中国文化相遇时，就好比水往低处流，当时已非常先进的中国文化被日本所吸收。通过中国传到日本的书籍，丰富了日语谚语的内容，直至今日，这些谚语仍然广泛地使用着。翻阅日语谚语词典，可以看到很多源于中国的谚语 [①]。例如：

①「竜頭蛇尾」

②「羊頭犬肉」

③「虎の威 PH 借り tf 狐」（战国策出典）

④「虎に翼」（韩非子出典）

⑤「蛇に足 PH 添う」（战国策出典）

①②句谚语分别与汉语的【虎头蛇尾】【羊头狗肉】含义相同。可以说这一类词在引入日本之后，形式上没有发生变化，直接融入了日语谚语中，成为日语谚语的一部分。

③④⑤句谚语形式上稍微改变了一些，加入了日语的动词，但是含义上和中国的【狐假虎威】【如虎添翼】【画蛇添足】相同。在日语谚语词典中，这样的例子还有很多，从这些谚语可以看出中日两国文化交流的痕迹，也是日本文化开放性的表现。

从内容上看，日本从飞鸟时代（539—710）起，大量地学习、吸取中国文化，至谚语初步形成的江户时代，对中国的历史典籍进行了筛选，而形成了现在的状况。从明治时代到大正时代日本的中学国文教材中大部分采用的都是以《论语》为题材的日语谚语里，重点培养学生们修身齐家的素养，因此谚语多收录诸如「親し ffi 仲にも礼儀 ff り」「丈夫 ti 心に丈夫 ti 体に宿 tf」「忠臣 tt 二君に仕 xii ず」此类的谚语。所以从日语谚语里，我们可以看到以仁、义、礼、智、信为"五常"的中国儒家文化的深刻影响。约 5 世纪中叶，大量中国的典籍被日本人带回国内后，中国文化在日本以后的几百年间，日本的遣隋使和遣唐使将中国的文字带回日本，经过加工改造而产生了日语文字，奠定了日本学习研究中国文化的基础。此后，日本在漫长的学习研究中国文化的过程中，日本谚语的发展也深受中国文化的影响。

日语中的谚语除了日本人自己创造之外，很大一部分是源于中国文化典籍或以中国特有的人和物为题材。日谚不仅仅在形式上保留了中国谚语的结构，从内容上来看，日语谚语中有很多宣扬传统儒家道德文化的例子，中国文化对日本各个方面产生了开天辟地般的影响。

---

① 丁田，王保田．现代汉语中日语源外来词的意义变异研究 [J]．重庆交通大学学报：社会科学版，2010(2)．

三、受欧美文化的影响而产生的谚语

自从 1543 年葡萄牙人到达种子岛后，有越来越多的商人和商船往来这个地区，这其中也夹杂着部分西方传教士。同样二战以后在政治、经济各方面处于低迷的日本自然又将学习的对象转向了当时的超级大国之一美国。一时间，外来语的使用风靡岛国，无论是报纸上的新闻报道，还是大街上林立的店铺招牌，都会有西方外来词汇的时髦亮相。而与吸收中国谚语内容不同的是，日本谚语对欧洲谚语的吸收大多是把欧美的谚语翻译成日语，尽量表达原有的含义。

例如：「時 tt 金 tí り」这句谚语与中国的【一寸光阴一寸金】含义相同。源于英语的谚语【Time is money】关于时间的重要性的日谚在日本自古有之。「一寸の光陰軽んずべfk らず」也被收录在日语谚语中，源于中国宋代朱子的诗句。然而现在的年轻人更多的使用「時 tt 金 tí り」，在日语谚语词典上也取代了后者来表示时间的重要性。

「一石二鳥」从形式上来看是四字熟语，但并不是来源于中国，而是 17 世纪意大利谚语【To kill two birds with one stone】刚引进日本时被翻译成「石一 xiii にて二羽 xi 殺ス」后来经过不断地翻译，在第二次世界大战后逐渐以「一石二鳥」的形式固定下来。

「沈黙 tt 金」源于英语的【Speech is sliver，silence is gold】的后半句。19 世纪中期从德国传到日本，直接保存下来。

受欧美文化的影响引入日谚中的还有《圣经》中的句子。例如：「天 tt 自ら助 ffktf 者 PH 助 ffk」就是圣经中的语句。

从旧石器时代以来，日本开始大量地引进中国先进的生产工具，利用先进的铁器等农具，日本快速地迈进了农耕社会。由于日本得天独厚的地理环境，日本感受到了学习先进的好处，某种程度上对外来先进文化具有一定的依赖性，而它本身吸收的古代文明又不具备产生近代工业文明的基因，所以到了近代，日本的社会文化发展又与西欧资本主义文化结合起来，因此近代以后的日本开始大规模地吸收了西洋文化。也正是在这样的文化发展路径下，日本节化的形式呈现多样性的特征，这是与它广泛学习外国文化分不开的。而综观日本谚语的发生、发展、流变、升华、凝聚的整个过程，不难看出外国谚语的输入、影响尤为明显。

综上所述，日语谚语作为日本节化的载体，深受外来文化的影响。日本历史上的几次大规模地对外来文化的吸收，对日语谚语的形成和发展影响深远，日本通过不断地吸收和改进外来文化，为其所用，从而不断地丰富着本国的谚语。日语谚语大量吸收了外来文化，从而构成了现代日语谚语。

第五章　日语文化创新研究

第一节　日语的情感表达

语言是人类独有的技能之一，有着极为重要的情感传达功能，是人类在生活中认知世界、表达世界的重要方式。随着社会发展，人类思维方式不断变革，情感的表达日渐成为日语语言学中重要的研究领域。时至今日，学术界对于日语情感表达的完整性、系统性研究还十分鲜见，这也是本节论述的初衷。本节着重从修辞运用和文化特征两个方面，研究了日语的情感表达。

在日常日语习得中，作者发现日语中蕴含的思想情感表达十分丰富，是做好本门学科研究的重要方向。语言是文化的载体，其作为人类精神思想交流的重要工具，反映了人类自身对外部世界的感知。正是得益于情感之间的交流，使得人与人之间的关系更加和谐，其影响作用的结果直接体现在了语言应用上。因此，要想学好日语语言，首先要了解其中的情感表达特征，进而主导自身的语言表达方式。

一、日语情感表达的修辞运用

情感作为一个隐性的概念，是人类最普遍、最重要的人生体验，时常溢于言表，但亦需借助修辞的力量表达出来。正是由于情感的抽象性、丰富性，其淋漓尽致地表达，不仅借助于不同的表现方式，还需借助一定的修辞手段，日语中对修辞的运用，常见于以下几个方面。

（一）比喻

比喻作为最基本的艺术处理手法，是指将原本性质不同但在某个点具有相似性的两个事物进行对照，并用其中某一事物比作另一事物的修辞手法，常规上包括本体、喻体以及比喻词三个构成部分。其中，本体即是指被描述的对象。喻体是指用来打比方的事物。比喻词则是联通两种不同事物的桥梁。在日语情感表达中，比喻手法的应用方式也是多种多样的，如明喻、暗喻、换喻等。明喻对情感的表达最为直接，其在日语中的出现方式一般有「如し」、「異ならず」、「恰も」、「例えば」等。明喻在日语中的运用，使得情感表达更加生动、形象，容易引起受众共鸣，让人印象深刻。而隐喻则被称为是"压缩的明喻"，其本质是用一种事物去理解和经历另一种事物。从字面意义上理解，前后两种事物的关联性显而易见，而隐喻作用的发挥，又基于人们共同的认知，是情感层次的深度交流。日本作为一个环海岛国，拥有极其丰富的鱼类资源，因而时常成为人们谈论的话题。日语情感表达中不乏与鱼相关的隐喻，如鮟鱇代表嫌弃、細魚代表憎恨等。

（二）反语

反语常常表达着与内心想法完全相悖的意思，对于情感的表达更加强烈。彼は私の一番の悪友でね，就是典型的反语应用，通过暗含"讽刺"韵味的语感将内心想法更加清晰地表达出来，具有增强语气的效果。在上述文例中，由于日本特殊的生活艺术文化，表达了对多年挚友的一种认可和情感，常常用于介绍给他人的场合。悪友较之よい友，能够更加精准地表达与朋友之间的亲密关系，附着上了说话人对朋友的喜爱之情，同时又能在一定程度上感染听话人的主观感受。又如，あいつの世話やきには、ありがたくて、涙がこぼれるよ。在此例句中，世話やき并非是表达真正意义上的关怀，其在特性的语境条件下，加上引号表示情调，翻译为中文即是"让我感动得简直流泪的是那家伙的'关怀'"。其真正意义的表达，蕴藏着说话者的嘲讽抑或蔑视之情[1]。反语在日语中的运用，使得作者的情感更加强烈，较之直言更加能够影响受众情绪，因此所能塑造的情感色彩效果更加文明。

（三）婉曲

所谓婉曲大有委婉的韵味，是故意不将所思所想直接表达出来，而是通过所表达意思相近或相似的词语含蓄、曲折的方式进行暗示，进而让受众心领神会。该种修辞手法的运用方式亦是多种多样，包括委婉、缓叙等。在不同情感场景下的话术表达，作者时常会出于礼貌或其他因由，不愿直接表露想法，而是闪烁其词，在不违背礼貌道德的情况下，让听话者心领神会。与之不同，缓叙的目的在于增强语气，有意采用折绕的方式表达情感。如，すみませんが、今日はちょっと…。在上述例句的语言表达中，作者出于自身礼貌考究，为了避免出现尴尬场面，委婉含蓄地表达自己的内心想法，取代直截了当的告诉对方，能够使对方更易于接受。通过婉转的方式表达本人真实意愿，间接地表达了作者不愿伤害对方感受的心理，是对他人的一种尊重体现，其中情感的意蕴深厚。正是有了此种修辞手法的运用，才得以保全说话人和听话人之间的基本尊重，有助于两者之间的情感互动交际。

二、日语情感表达的文化特征

语言作为人类特有的能力之一，其本身归属于文化的范畴。文化的交集与碰撞，总有与之相对应的语言。语言是文化的载体，其功能不仅仅在于表达人类思想情感，同时亦能

---

[1]　张超一.试析日语借词对汉语的影响 [J].佳木斯教育学院学报，2012（9）.

反映一定的文化特征。从文化特征角度对日语情感表达进行解读，有助于对该门语言特征的掌握，应用实践起来更加得心应手。

（一）内外相异

受不同成长文化的潜在影响，每个民族都有与之相对应的心理特征。例如，美国遵从自我，德国讲究规则，英国崇尚道义。根据社会心理学理论，民族心理是构筑在一个民族的经济地域基础之上并渗透着该民族共同文化传统、决定着该民族人民性格和行为模式的共同心理倾向和精神结构。语言是人类社会不断演变发展的产物，其作为文化载体，势必与日本独特的民族心理特征相关联，并直接影响了他们的情感表达方式。综合来讲，日本民族最突出的心理特征无疑是集团主义，他们的言行表达格外关注对人际关系的影响。大部分日本人都报以谦逊的心理，十分在意他人对自己的印象，因而善于体察他人的心理行为及变化，为了避免摩擦和碰撞，会以此调整自己与他人对话的内容。所以，在日语中，日本人通常不会将自己的意见、要求或不满情绪直接表达给对方，而是偏向于委婉的表达方式，常常会运用到带有推量意义的助动词，如「ようだ」、「そうだ」、「でしょう」等。这也就是日本"内外相异"的独特语言文化。

（二）依赖心理

在日语情感表达中，副词的运用可以使得情感表达更加细腻、真诚。陈述副词本身就附带有一定的情感色彩，尤其是对于本来用于直接表达事物情态的拟声拟态词，它对情感的传达更加生动形象，这也形成了日语独特的文化。如，何かお礼をさし上げたいが、あいにく何も持って来ませんでした。在副词的使用上，日语交流的"心理依赖"特性尤为明显，是一种"以心传心"的最高表达形式。上述例句中，表达形象地表达了作者"虽然不确定，但总有那么一种感觉"的心理特征。为了更加精准地把握作者内心情感活动，听话人对其语言中用到的感情副词进行把握，如此才能实现两者之间的心领神会。同处于相同的文化背景环境，日本人之间对彼此的了解相当到位，即便作者未能百分之百地将自己的情感表述出来，通过说话中的心理活动变化，亦能感染听话人的情感，甚至对方一个细微的表情变化，亦能捕捉对方的心理变化。因此，日本人在语言交流上有着极高的心理依赖。

总而言之，日语中的情感表达研究十分重要和必要，是了解该民族文化的重要通道。情感本身作为一个模糊的概念，具有丰富性、抽象性的特点，是人类主观意识的表达。由于个人能力有限，加之日语文化丰厚，本节做出的研究可能存在不足。因此，作者希望学术界大家持续关注此课题研究，从不同维度论述日语的情感表达，进而深入了解日语文化内涵。

第二节　日语教育现场文化引进的对策研究

日语教育现场文化引进是较为新颖的教学模式，主要是通过日语教学与日本节化的有机结合，有针对性地将现场融合到日本节化当中，以提高学生学习积极性，实现良好的日语学习效果。本节将简述日语教育现场文化引进的可行性对策，旨在为相关教育工作提供一些参考建议。

日本节化深受中国文化以及西洋文化影响，在融合国外文化的基础上，形成了自身独特的文化形式。日语作为日本国的母语，是日本节化的重要折射与表达形式。日语和日本节化二者之间联系紧密，形成了一个不可分割的整体。日本节化是日语的基础，而日语则是日本节化的载体。因此，想要学好日语，必须在遵循日本节化章程的基础上，引入现场文化，掌握日语结构的文化内涵，具体可以从以下几方面入手。

一、改善教材内容

教材是教学开展的重要媒介。在日语教学过程中，教学内容往往会随着教材的不同而发生改变。因此，日语教育现场文化引进的第一步，就是要改善教材。比如，在学习"樱"这一单词时，应结合景物图片，简要讲述如下日本节化：樱花是日本的国花，因地域差异，开放时间不同。日本北部的樱花要比中南部开放的稍晚一些。在樱花盛开的季节，日本人常会在树下喝酒、唱歌，欣赏夜景。通过引入文化背景资料，丰富教材内容，合理调整教材的深度与广度，适当添加趣味性知识，可以有效激发学习者的学习兴趣，实现较好的学习效果。

二、提高学生能动性

任何语言学习，学生都占有重要的主体地位。因此，学生学习能动性的高低对语言学习效果具有决定性影响。为了拓展眼界，学生可以通过报纸、杂志以及互联网等媒介，获取学习资料，以便了解日本的风土人情、生活习惯等，为日语教育现场文化引入打下良好基础。同时，日语教师应不断提升自身文化素养，要保障对日本节化了然于心，在现场教育能够为交流者提供精确且全面的文化信息。比如，可以从日本家庭文化入手，组织学生观看日本人从出生到结婚、生子的影视资料，在促进其了解日本节化的同时，提升学生的听力水平。此外，日语教育现场文化引入在侧重理论知识传授的同时，还应对学生的实际应用能力给予高度重视。比如，可以通过开设学习讲座等，为师生之间的学习互动搭建沟通平台，以便营造良好的日语学习语言环境；再比如，举办和服试穿、茶道品鉴、插花技巧培训等活动，让学生通过实践，了解日本节化，在潜移默化中提高学习日语的积极性①。

三、强化教师导入意识

"和"文化是日语教育现场文化引进的核心所在，这对日语教师的综合素养提出了更高的要求。因此，日语教育应通过"和"文化研究，创新教学模式，有效开展教育活动。同时，还应根据教材内容，有效引入日语文化背景，制定针对性教学计划。此外，日语教师要不断提高自身文化素养，定期参与进修会等培训，积极革新教学方式，强化知识导入意识。

四、活用教育方法

（一）词汇教育方法

词汇教育方法主要分为直接说明法、对比法以及情景说明法三类。直接说明法就是在日语教学过程中，根据词汇的文化底蕴，直接对教材内容进行补充说明。需要注意的是，日语教师要分清主次教学内容，并根据学习者的认知能力以及学习特点，合理调整文化引入程度，对导入方法进行最优化选择；对比法则是通过对比分析中日两国文化的不同，加强记忆，激发学习者的学习热情。比如，日文中的"好"与中文中的"是"的语境在特定情况下是不同的。日语中的"好"主要用于表达赞成与承诺，有时也用于随声附和。换言之，日语"我是你"，有时可以用于表示否定的意思；情景说明法主要用于多义词以及背景词汇教学，该方法对学生进一步理解词汇在不同情景中的具体意义有重要的促进作用。

（二）语法教育方法

日语与汉语的主谓宾结构不同，存在谓语后置的习惯。比如，我吃饭（わたしはご飯を食べる），"わたし"是主语，"ご饭"是宾语，"食べる"是谓语。很多情况下，不读到句子的最后，很难理解所要表达的意思。日本人的这种说话方式，表达比较简单，但是对于听者而言，则往往会充斥紧张与不安的感受。同时，由于日语语言具有抽象性特征，因此，日语教师应结合情景教学法，让学生在实际语言环境中，理解词汇的真正含义。

语言是文化的载体，文化是语言的根基，二者相辅相成，是一个不可分割的整体。因此，语言结构作为语言文化的重要组成部分，应按照文化章程，发挥特有的文化意义。日语教育现场文化引入就是在语言教学中，引入语言文化背景、生活方式以及表达习惯等内容，在分析日语结构的基础上，通过隐藏文化探寻日语文化内涵以及规章。而需要引入哪方面的内容，则是现场文化教学的重难点。因此，日本语教育现场文化引进，应从改善教材内容、提高学生能动性、强化教师导入意识、活用教育方法几方面入手，不断激发学习

---

① 刘雪玉. 近代以来日语外来语对汉语的影响研究 [J]. 齐齐哈尔师范高等专科学校学报，2015（5）.

积极性，提高日语学习效果。

第三节　日语数字"三"的文化意蕴解读

数字除了计数功能，作为语言单位，赋予特定的文化含义。与中国人自古崇尚偶数相比，一衣带水的邻国日本其奇数备受青睐，特别是奇数"三"的运用尤为明显。本节主要以奇数"三"在日本的流行语、和歌和俳句等语言现象中的运用为例进行文化溯源，以此厘清同源文化的差异所在及"数字观"折射出的文化特征。

Franke 研究了关于对新产品的创意问题，认为管理者可以从公司外部的类似市场寻找灵感或解决问题，扩大范围不需拘泥于特定目标市场。最新 2015 年有学者研究了组织寻找新创意是公司创新过程的中心任务之一，具有一定经济潜力。所以学界有必要对创意问题进行深入细致地探索。

本节主要以奇数"三"在日本的流行语、和歌和俳句等语言现象中的运用为例进行文化溯源，以此厘清同源文化的差异所在及"数字观"折射出的文化特征。

一、崇尚奇数的文化习惯

流行语是最能反映出时下社会流行状态和人们思维状况的语言。流行语一般概括精辟准确而又不失风趣幽默，颇受年轻人的青睐。如：

「介護職場 3K」：是指从事护理行业的人们对工作的不满，即累人、工资低、不能结婚。「三 Y 女」：这是对现代贪吃、贪杯又懒做的女性的讥讽。「三 J 男」：表示有实力而又性格质朴的年长男子。「三言息子」：指高中生。他们在家里对母亲开口闭口就只说这三句话："吃饭、洗澡、给钱"。「三高」：高收入、高学历、高身材，指现代女性的择偶标准。「逆三高」：上述"三高"再加美貌则是现代部分男性的择偶标准。「新人OL の三重苦」：新就职的年轻女职员的三种苦恼，指"加不完的班、低工资、阅历浅"。「三バン議員選挙」："支持者竞选的区域、竞选者本人的知名度、金钱"是议员选举中竞选的实际内容。「新就職の三種神器」：手机、电脑联网、自我分析的材料。以上三大件物品为最近几年大学生就职的三大件。「三 K 仕事」：指"危险、肮脏、累人"的工作，这些工作一般由外国的工人和打工者去做等等。

其实，日本对奇数的钟爱并非现在才有，可以向上追溯到很久以前。如俳句是日本的一种古典短诗，排列成 3 行分别为 5、7、5 共 17 个音节组成。俳句是以简约的文字抒发丰富的感情和唤起更多联想的艺术形式。17 世纪时松尾芭蕉将这种形式提炼成高度精湛的艺术 ①。此后，它成为日本最喜闻乐见的诗体。如正冈子规的俳句：「柿食へば鐘が鳴

---

① 高崇 . 浅谈日语中长句的翻译技巧 [D]. 吉林大学，2016.

るなり法隆寺」，即典型的"五、七、五"模式。和歌，也称倭歌，因与汉诗相对而称，即日本诗之意，它是由5、7、5、7、7共31个音数有规则的层次而构成。与来自于中国的汉诗不同，和歌只有音数和句式的限制，而无押韵、对仗和平仄等规定。如天智天皇的短歌：「秋の田のかりほの庵のとまをあらみわがころもでは露にぬれつつ」。如前所述，不管"和歌"还是"俳句"，各行的音数都是奇数，行数也一定是奇数。

二、"三"在数字文化中的特殊地位

日本钟情于"三"，源自"三"所特有的社会文化意义，这一点毋庸置疑。日本传统文化中有崇尚"三"的哲学思想和社会习俗，"三"又是最具代表意义的数字单位，蕴涵着丰富的文化意义。以下与"三"相关的谚语，其简洁凝练的语言艺术具有深刻的思想性，是生产、生活实践的智慧结晶，直接反映民众的生活喜好：

三年飛ばず鳴かず / 三年不飞不鸣（等待时机）

三人市虎を成す / 三人均言，假也成真

三たび肱を折って良医となる / 久病成医

三度目の正直 / 问神占卜三次结果都相同就是准的

以上几例都是具体的数字"三"的虚指用法，表达众多、反复、长期的意思。不过，在表达完全相反的意思的时候，仍然会经常使用"三"。例如，「三日坊主」意为「非常に飽きやすくて長続きしない人をあざけっていう語」，与汉语中的"三天打鱼两天晒网"相对应。诸如此类的指代时间短、数量少等谚语中也比比皆是：

世の中は三日見ぬ間の桜かな / 沧海桑田

公儀の三日法度 / 朝令夕改

数字不仅是语言的记号，更是一种文化的记号。众所周知，中国人自古崇尚偶数，偶数的运用在日常生活中随处可见。宴请客人要有四碟八碗，交通要四通八达，做事要讲究四平八稳，遇事祈求六六大顺。中国人爱好偶数，讨厌奇数，特别是"三"这个数字。如"三教九流""三心二意""说三道四""一波三折""一问三不知""此地无银三百两"等都是寓意不好的词汇。与中国人喜欢偶数相反，日本人特别推崇奇数。例如，2004年7月，「ほぼ日刊サイト新聞」的调查显示，在总数5791个回答中，52.8%非常喜欢奇数，而只有少部分人表示喜欢偶数。更为有趣的是，调查结果还显示，在1到9五个奇数排序中，人气由高至低分别为3、5、7、9、1，日本对"3"有着近乎崇拜地喜爱。关于日本为什么喜欢数字"三"各说不一。

朝焼きは三日ともたぬ / 出现朝霞不过三天就会有雨

以上可见，谚语中的"三"的所指意义往往被泛化，用来表达数字之外的一些概念。在三、四字熟语中的"三"更是俯拾皆是，不胜枚举：「三衛府」、「三益友」、「三損友」、「三阿弥」、「三羽烏」、「三騎射」、「三関国」、「三韓楽」、「三箇日」、

「三奇橋」、「三冠王」、「三寒四温」、「三管四職」、「三位一体」、「三猿主義」、「三間飛車」、「三割自治」、「三角合併」、「三角関係」……用"三"构成的词汇可谓包罗万象，浓缩着社会、历史、人文的方方面面。

另外「三種の神器」一词原本是指日本神话中的三件神器「八咫鏡、草薙剣、八尺瓊勾玉」，后来用于概括家电的三大件。具体的内涵随着时代的变迁发生了变化，如 20 世纪 50 年代后期日本人将黑白电视机、洗衣机、冰箱视为新时代家庭必备品，称之为「三種の神器」。后来日本企业也把他们的员工终身雇佣制、年功序列工资制、企业内工会制等制度视为支持日本企业经营的三大支柱，称为「三種の神器」。

三、"数字观"折射出的日本节化特性

（一）宗教的文化渊源

随着汉籍、汉字和佛教传到日本之后，日本节化受到很大的影响，于是一部分佛教词汇也成为日语的一部分。如「三界」（有情众生生活的欲界、色界、无色界三种世界，佛以外的全世界）、「三諦」（亦称"三谛偈""三是偈"。佛教的三条真理，即空、假、中三谛）、「三学」（佛教基本修行法中的戒（律）、（禅）定、（智）慧。戒学为行善，定学为思虑集中，慧学为观悟真实）、「三生」（前生、今生、来生之称）、「三慧」（闻慧、思慧、修慧三种智慧。闻慧为听教诲而得的智慧。思慧为思教诲而得的智慧[1]。修慧为修习禅定而得的智慧）、「三乘」（谓引导众生达到解脱的三种方法或教义，一般称声闻乘、缘觉乘、菩萨乘）、「三途の川」（〔源自中国的《十王经》〕据说生前非极善、极恶之人，死后第七天走向冥府途中所经过的河，河岸有婆、翁之鬼，抢夺死者的衣服）等。铃木范久认为："佛教思想对日本产生了很大的影响，以致形成了独特的文化"，"把日常生活本身作为修行之场的思想，后来就像茶道、花道、剑道一样，把普通的技术、艺术、体育作为'道'，这就与心的磨炼一体化了"。由此可推，佛教中的"三"与修身养性、轮回转世相关联，体现了从善去恶的劝诫思想。

（二）集团意识的文化渊源

集团意识可以说是日本社会的最大特征。这种集团意识对日本社会文化的影响可谓根深蒂固。唯奇数为吉，唯奇数为美，崇尚嵌在偶数间的奇数的数字观，对此，许多人认为是因为偶数可以一分为二，让人联想到「分かれる」，令人感伤从而敬而远之。然而笔者并不这么认为，日本是个喜欢「あわれ」的民族，喜欢赏樱花缤纷零落之美，喜欢悲武士切腹之壮，日本文化中处处充斥着"哀之美"。故日本人排斥偶数的更深层原因是源于骨子里对"和意识"的追求。偶数，可以一分为二，从而产生对立、冲突与竞争，这正是日本人极力避免的。历史上，灾害频发的独特地理环境和需要集体协作的农耕生产方式使日

---

① 梁婷 . 浅析日语长句的汉译方法 [D]. 山西大学，2016.

本民族形成了和睦相处，共御天敌的道德意识。

"数字观"源于人们不同文化追求并折射出同源数字文化的不同特征。"三"是最具代表意义的数字单位，蕴含着丰富的文化意义。从日本人对奇数"三"的挚爱，可以管窥日本民族心理、揭示日本数字文化特性，可以避免跨文化交际中的误会与摩擦，更好地促进友好交流。

第四节　常用日语寒暄语中「和」文化的体现

语言，是文化交流的桥梁；文化，透过语言交流外显。二者是不可分割相辅相成的。而寒暄语作为语言学习当中重要的一环，不仅可以拉近不同种族、不同人群的距离，更是作为语言学习者了解并研究异国风土人情及文化思想的媒介。它开启了认识不同民族、不同文化的大门。提到寒暄语，大部分人首先想到的可能是日语中的寒暄语，因为它数量之多、使用场合之复杂。日本人在日常的生活中为何会如此重视寒暄语的使用呢？究其原因想必是受日本自古以来的「大和」思想文化的影响吧。本节试图通过日语中的常用寒暄语来解析其中「和」文化的体现。

从古代的中国到二战后的美国，日本虽然地处于外界相对独立的环境中，却从未停止过学习和吸收先进文化的步伐。特别是在古代，日本曾派遣大量的遣隋使、遣唐使到中国学习文学、佛教、儒家思想并带走诸多中国经典书籍。通过对中国文化的学习和改良，日本逐渐丰富了自己的文化。其中不得不说的就是我们随处可感受到的——「和」文化。而这种文化，也透过日语中的寒暄语被丰富地表现了出来。

寒暄语，俗称打招呼用语、问候用语或礼貌性地点头、鞠躬等身体动作行为。在世界各国语言中均存在寒暄语，像中文当中经常有"你好""你吃了么""你出去啊？"等；英语中有"Hello""How are you""How is going"等；在韩语中有"안녕하십니까?""안녕하세요?""다녀왔습니다!"等等。但就涉及的场合和使用范围来看，日语中的寒暄语更加多样、丰富、并且定型化。爱知教育大学的甲斐睦郎教授就曾将日语的寒暄分成10种：见面时、分别时、睡觉前、吃饭前、出门时、回到家时、拜访时、邀请吃饭时、有求于人时、询问对方情况时、结婚典礼时、丧葬时。可见，日语中的寒暄语不仅多且使用范围广泛、场合分化复杂。此外，日本语言学家渡边友左对寒暄语做了如下定义：寒暄语是人们为与他人建立亲和的社会关系，或为维持、加强已经建立起来的社会关系而进行的社交、礼仪性行为之一。可见，寒暄语作为日常交际用语，它具有多样性、丰富性、定型性等特点，但也是人们为了建立并维护亲和地社会关系的润滑剂，是「和」文化的言语表现[①]。

---

① 马梦丹. 视译中日语长句的汉译策略 [D]. 西安外国语大学，2016.

一、家庭中寒暄语的「和」文化表现

在日常生活中，我们经常会听到丈夫、孩子或者其他人出门时，对留在家里的人说「行ってきます」（我走了）、而留在家里的人也会对外出的人说「行ってらっしゃい」（你慢走），同时，回到家里时日本习惯说「ただいま」（我回来了），而在家里的人也会对回家的人说「お帰り」（你回来了）。这看似已经习以为常的对话其实也蕴含着日本的「和」文化。众所周知，日本是一个「核家族」的民族，一般的家庭里只有父母和孩子，母亲更是为了照顾家庭成了家庭主妇，也因此社交圈变得相对狭小，这不免会或多或少地让其有些失落感。然而从「行ってきます」、「行ってらっしゃい」、「ただいま」、「お帰り」这样的对话中，让其感受自己并未与其他的家庭成员脱离，外出的人去去就会回来的，自己在家里等着就好。这样的心理感受让留在家里的人感到安心和欣慰，也以此维系了家庭成员之间的和睦。

此外，在日本的餐桌上，我们经常会听到吃饭前他们会说「いただきます」（我要开动了），饭后也会说「ごちそうさま」（谢谢款待）。这样的寒暄语，在家庭中也同样被频繁地使用着。而在日本的家庭中，餐饮的制作通常是由充当家庭主妇角色的母亲来完成。因此，开饭前说「いただきます」表示向母亲说，我要开始享受您为我提供的美味食物了。饭后说「ごちそうさま」也是向母亲说谢谢您为我准备了这么美味的食物。看着自己准备的食物被一扫而光，同时听着家庭成员餐间「おいしい」、「ママはすごいですね」等赞美用语，餐前餐后的「いただきます」「ごちそうさま」，母亲不仅感受到自己的价值，更增进家庭成员之间的感情。和睦、温馨、其乐融融的「和」文化也自然地洋溢出来了。

二、公司等集体中寒暄语的「和」文化表现

日本是一个集体主义很强的民族，集体意识高于一切，集体的意志就是个人的意志，因此，维系个人与集体、与集体中各群体之间的和谐稳定尤为重要。在集体中，除了工作之外，见面时，会面时，分别时的寒暄语也是维系个人与集体和谐稳定的重要润滑剂之一。

在日本，比较大的集体要数公司和学校了，无论是在公司和学校，我们会经常看到，两个同事或老师同学会面时，若无特别事情会互相说一句「どうも」或者弯腰鞠躬，然后各自离开。这时可能会有人感到困惑，弯腰鞠躬能够理解，但是「どうも」不是「どうもありがとう」（谢谢）或「どうもすみません」（对不起）的意思么，见面时怎么还用说「どうも」呢？其实「どうも」一词的使用范围很广，广辞苑的解释之一是「感謝、祝福、謝罪、悔みなどの意で、口頭の挨拶に広く用いる語」，「どうも」不仅可以表示感谢、道歉，还可以用于众多寒暄场合。因此，日本人在公司或者学校见面时通常会用「どうも」来打招呼。以示友好和向对方示意自己的存在。

另外，「お疲れ様です」（您辛苦了！下对上或同辈间）「ご苦労様」（您辛苦了！

上对下）「先に失礼します」（我先走了）等词在日本的公司和学校也是比较常见的。比如下班时，先离开的人会对后离开的人说「先に失礼します」或者「お疲れ様です」、「ご苦労様」等，这是在向同事表示感谢和赞美，意思是谢谢你今天一天的劳动，您辛苦了。在日本人看来，与集体内部各成员之间保持友好和睦的关系不仅让自己有「うち」的感觉，更能维护集体的和谐、稳定与利益。因此「お疲れ様です」、「ご苦労様」、「先に失礼します」这样的寒暄语，不仅体现了日本人的集团意识，更展现了日本人以和为贵的「和」文化。

三、对"外"寒暄语的「和」文化表现

日本除了有较强的集团意识之外，也「うち」（内）、「そと」（外）分明。所谓「うち」是指与自己同属一个集体的人，如：家人、亲朋好友、同事等，而「そと」就指上述以外的人。这样"内""外"分明，让日本人在寒暄语的使用上也有所不同。例如面对关系不是很亲密的人，早上见面时日本人常用「おはようございます」而不是「おはよう」（不如「おはようございます」礼貌），分别时，日本人常用「では、また」而不是「じゃね～」或者「ばいばい」等不如「では、また」礼貌的说法。在企业当中也是如此，像「いつもお世話になります」（感谢您长期以来的关照）、「こちらこそお世話になります」（哪里哪里）等寒暄语，即使是对第一次合作的对象，在商务邮件或电话中也经常被使用到，这是由于这样的寒暄语一方面可以拉近双方的距离，似乎我们双方长期以来都有合作，以便促进合作的顺利达成；另一方面是用降低自己的方式来尊敬对方，以维护双方来之不易的友好合作关系。比如道歉时，日本人根据亲疏关系也会分为很多种。面对自己的家人或者朋友，日本人通常用「ごめん」、「すみません」、「すまん」等比较随意且带撒娇似的方式，而面对自己的长辈，上司或者关系不亲密的人时，日本人多用「もうしわけありません」、「もういわけございません」等较正式的道歉方式。究其原因，这也是受日本「和」文化的影响。因为面对关系不是特别亲密的人，如果言语太过随意轻浮，会给人一种「なれなれしい」或者不尊重自己的感觉而产生不必要的误会和嫌隙[①]。因此，面对亲疏关系不同的人群，使用内外分明的语言，不仅维系了亲人朋友间的和睦，更保持了人与人之间的相互尊重与和谐。

日语中，我们还会经常听到日本人以天气、某个舆论事件或者询问对方家人等方式来进行寒暄，在交流的过程中，或许日本人并未深思这些寒暄语的含义，只是通过"内""外""上""下""利益有无""亲疏关系"分明且定型化的言语表达来相互表示并承认对方的存在，同时维持相互之间的和睦友好关系。

综上所述，日常生活中日本人所使用的寒暄语，不仅是日本人作为社会交际的开场白，起着拉近关系、缓和气氛的润滑作用，它也是维护家庭和睦、集体和谐、社会稳定的保鲜

---

① 梁婷. 浅析日语长句的汉译方法——以《窗外》为例 [D]. 山西大学，2016.

剂，是日本文化中「和」文化的具体表现之一。

第五节　日语"気"的惯用语及文化

作为日语中一种习惯用语的固定词组——惯用语既是语言的一部分也是文化的一部分。不同的民族具有自己的民族心理结构、认识与思维方式，因而不同的语言文化具有其独特的内涵。本节将从"気"的含义入手，对"気"惯用语的意义及翻译方式进行了研究，并阐释了"気"蕴含的文化内涵。"気"能够充分体现日本民族的文化心理和文化特征，并展示了日语语言的无穷魅力。

"日语惯用语是一类特殊的词汇，它是由两个以上的单词结合而成，并构成固定的词组形式来表达特定的意义，在使用上相当于一个单词。"①惯用语是反映日本人的思维习惯及价值取向的一种特别的语言现象，其深层语义与其表面语义相离异、不等值，具有变异性。如，"気が気ではない"日语中的这个说法，如果从字面上直译为"气不是气"，显然令人无法理解。它的正确含义是"忐忑不安、坐卧不宁"。也就是说，不能由它的各组成成分意义的直接加合而获得其整体意义。

"気"在日语中的用法复杂且比较难理解、难掌握。本节将从"気"的含义入手对其惯用语的意义及翻译方式，"気"文化等方面进行探讨。

一、"気"的含义

『大辞泉』中对"気"的解释为：（1）生命、意識、心などの状態や働き。①息。呼吸。②意識。③物事に反応する心の働き。④精神の傾向。⑤精神の盛り上がり。⑥気分。⑦あれこれ考える心の働き。⑧物事にひきつけられたり、人を恋い慕ったりする気持ち。⑨何かをしようとする、また何かしたいと思う心の働き。（2）空気、大気や水蒸気などの気体。（3）あたりに漂う雰囲気。心に感じる周囲の様子。（4）ある物が持っている特有の香りや風味。（5）昔、中国で1年を24分した一つの、15日間。節季。

从『大辞泉』中对"気"的定义可以看出，"気"大体分为自然界的"気"和人体内部的"気"。日语中的"気"不仅包含了汉语中"気"的意思，也包含了日本人对"気"的进一步理解意思，构成了日语式的用法，即『大辞泉』中的"生命、意識、心などの状態や働き"的用法。许多"気"的惯用语，几乎是在"気"的日语特有的含义范畴内。用一个"気"字就可以能够充分表达，人的生命、意识、心理活动等等的状态和功能，这表明了日本人对"人"的基本认识，即人总是如"気"一般漂浮不定、充满变化、甚至达到无法把握的程度。

二、"気"惯用语的特殊语言现象

日语里由"気"构成的惯用短语很多，使用频率也相当高，并且每一种短语搭配所适用的语境、场面也变幻无穷。

気が詰まる / 窒息，呼吸困难。/ 気 = 喘气，呼吸。

気を失う / 失去意识，失去知觉，不省人事。/ 気 = 意识，知觉。

気を静める / 稳定情绪，镇定情绪。/ 気 = 情绪，心情。

気が強い / 争强好胜。/ 気 = 气质。

気が乗らない / 打不起精神，提不起兴致。/ 気 = 兴致，劲头，精神。

気になる / 放心不下，成为心，挂在心上。/ 気 = 心事，担心，惦念。

気がある / 对…感兴趣，对…抱有好感。/ 気 = 兴趣，好感，关心。

気を配る / 留神，照顾。/ 気 = 神经。

"气"表示的日语特有的含义是"生命、意识、心理活动等的状态和功能"。但日语中不容忽视的一个特点是，词与词搭配之后会产生对词义的限定作用。上面的例句中可以看出，跟"気"搭配的词不同，所表达的词义也不同。如，"気が詰まる"的"気"当它与"詰まる"搭配之后，词义被限定为"喘气"，不能是其他意思，"喘气"属于生命现象 [1]。"気を失う"的"気"当它与"失う"搭配之后，词义被限定为"知觉"，"知觉"即是意识现象。

気が合う / 情投意合，合得来。/ 気 = 想法，感觉。

気がいい / 心眼好，性格好，慈善，善良，待人友善。/ 気 = 心眼，性格。

気が移る / 兴致转移，心思不定，移情别物。/ 気 = 心思，兴致。

気が大きい / 度量大，不为小事斤斤计较。/ 気 = 度量，气量。

気が向く / 愿意，高兴，想做想干，跃跃欲试。/ 気 = 内心，想法。

気が長い / 悠闲自在，不急不躁，心如止境，慢性子。/ 気 = 性情，性子。

気が変わる / 改变主意。/ 気 = 主意，想法。

気が弱い / 胆小怕事，懦弱无能，性格懦弱。/ 気 = 秉性，性格。

気が済む / 心满意足，心神安宁。/ 気 = 内心，精神。

気を回す / 不必要地猜疑，多心，处心积虑，前思后想。/ 想法

気が急ぐ / 急于做到，难待分秒。/ 気 = 内心，情绪。

気がつく / 觉察到，感觉到。/ 気 = 感觉，知觉。

"惯用语的最本质的特点在于它是一个不能由它的各组成成分意义的直接加合而获得其整体意义，各成员之间有稳定联系的固定词组。"[2]如上有关"気"惯用语的汉语解释中可以看出日语中的"気"，汉语里只能意译，即，日语中"気"的词义丰富，表达生动

---

① 贾月茹. 从功能对等理论看日语长句的汉译处理 [D]. 吉林大学，2016.

形象。

　　"気が合う"中的"気"是指"感じ方や考え方"（感觉、想法），但如果说"感じ方が合う、考え方が合う"显然就没有"気が合う"那么传神、自然。"気が重い"中的"気"是指"人の心や気持ち"（内心、心情），但如果说"心が重い、気持ちが重い"显然不能完整、全面地表达所要表达的意图。因此，"気"不能随便用其他词来代替。

三、"気"的文化

　　"気"的概念在日本文化中已根深蒂固，反映文化本身所独有的深邃和厚重。"気"在汉语里写成是"气"，日语中的"気"虽然受到了汉语"气"的影响，但"気"与"气"它们的基本含义有所不同，因此跟其他词搭配之后，所表达的词义不尽相同。如，"元気"这个词无论是中国人还是日本人都经常使用，汉语的"元气"本义是指人或国家、组织的生命力。可在日语里意思是，具有充沛的体力、精力，有想干某事的欲望。"正気"一词日语和汉语里都存在，但是其词义也不同。汉语意思是"正大、刚正的风气、气节，中医上说的人体抵抗疾病的能力。"日语里是指"正常的精神状态，正常的感觉、知觉。""気味"在汉语里是指"用鼻子闻到的味"或者"用来比喻人的志趣、性格。"在日语里首先是，"某种倾向、征兆"的意思。如，"有点感冒"说成日语是"風邪気味"。其次是"心情、情绪"的意思。如，"気味がいい"说成汉语是"活该"的意思，也就是说话人的解气、解恨的情感表达。"人気"一词起初是日语中独有的词，使用频率也极高，后来被中国人所接受也广泛地使用起来，两国的意思基本相同，是指一个社会根据它自身的价值标准，对某人或某事物予以好的评价，对它抱有好感，接受它。"本気"的词义是"认真、正经的态度"，"気"指的就是态度、心情。汉语里没有此词。

　　如同"本気"，日语中特有的"気"的词语非常多，几乎是无处不使用。如，"病気""短気""根気""精気""呆気""気分""気運""気性""気丈""気品""気骨""呆気"等等。

　　日本人对"気"情有独钟，其原因首先，"気"的形象很符合日本人的价值观念，即对自然的、客观的、被动性事物和行为的认同和肯定。由于"気"是"生命、意識、心などの状態や働き"，所以它是非主动的，是被作为一个客观来把握的。其次，"気"的模糊性、暧昧性、富于变化的特点，也与日本民族性格的"无常观""现世主义"相吻合。

　　关键词："気"是研究日本问题的语之一，是日本语、日本节化的一个重要侧面。虽然"気"是一个似乎看不见摸不到的无形的东西，但实际它是时时处处被感知、被认识的，具有鲜明的个性，它的作用是没有人会否认的。如果日语中没有看似抽象但实则非常形象而具体的"気"这个概念，许多的思维过程和结果将很难准确、恰如其分地表达出来。即，在日语中"気"的地位和作用是其他词所无法替代的。"気"语言能够充分地体现日本民族文化心理，并能够展示该民族的文化特征，具有深厚的文化内涵，从"気"中深深地体会到日语言的无穷魅力和它对文化的巨大影响^①。

第六节　日语省略表达的文化内涵要点分析

在日语表达过程中，经常会出现省略主语和宾语的状况，但其最终并不会限制说话人正确理念的表达，以及听众对相关句意的理解。由此，本节对日语省略表达的现象进行了列举，并通过礼貌性地请求、感恩的意识、"沉默是金"的处事原则，深入剖析了日语省略表达文化内涵要点。

日语省略表达现象可谓是极为普遍的，这是由当地特殊文化背景决定的，包括礼貌性地请求表达习惯、日本当地人民的感恩理念、"沉默是金"的处事原则等，都是其文化内涵最为典型的表现。透过实际调查发现，日本人在对话过程中，经常会选择利用婉转间接的方式将其对彼此的意见或是相关意图进行传达，而听话的人员则更倾向于在语意模糊的话语之中领悟表达主体内心真实的想法。这类委婉和巧妙的沟通方法，便是日语省略表达文化传承和发展的必要支持性因素。

一、日语省略表达的现象列举

在日语表达过程中，经常会将诸如"誰が？""誰に？""何を？"这类主语，或是宾语进行省略处理。尽管如此，其不会影响说话人员内心想法的传达，以及听众理解的精准性结果。相关例句如下所示。

例 1.「母が出かけたら掃除する」誰が掃除するの？

——「× 母が／○誰かが」

例 2.「弟は来ると思う」誰が思うの？

——「× 弟が／○私が」

例 1 转换成中文便是"妈妈出门之后就打扫卫生"，其中，"打扫卫生"的是谁，最终结果必然不会是妈妈，应该是其儿子或是女儿。

例 2 对应的中文是"估计弟弟马上就来了"，其中，进行估计的人员究竟是谁，结果一定不会是弟弟，而是家中的哥哥或是其他成员。

句子中省略主语或是宾语的现象，在日语日常交流和表达过程中是十分常见的，直至今日，这种现象已经成为当地人的一种特定习惯。透过客观层面观察认证，日语是现今国际领域之中唯一一类同时进行表意和表音表达的语言。其中，假名表音，汉字表意，换句话说，日本人称假名为听觉语言，汉字则是视觉语言。另外，日本人在语言应用过程中，习惯于进行去繁就简处理。因此，产生这类省词略句的文化背景和原因极为繁多。

---

① 鲍海昌．日语表现 [M]．北京：外语教学与研究出版社，1998.1.

二、日语省略表达的文化内涵要点解析

在不同类型语言之中，为了规避累赘迹象，面对相同事物或是事件都需要进行省略处理，这类现象在日语表达过程中表现得十分显著。结合日本国立国语研究机构的信息调查分析，省略主语的频率具体表现为：会话文占据 75%、书面语达到 38%、小说维持在 21%。除此之外，结合最新 "Mister O corpus" 实验结果整理分析，日语表达期间省略频率呈现出主语省略 69%、宾语省略 40% 的迹象。透过该类现象的对比认证可知，日语表达过程中出现省略的状况着实较多。

（一）礼貌性地请求

在日本电车等公共场所之中，经常会出现许多样式的标语牌子，如「リュックは前に」，这类语句中是不存在动词的，但是翻译成汉语便是 "请把您的背包摆放在前方"，其中，"放" 和 "您" 等词语都要额外添加与明确性阐述，但在日语中，如若将各类词汇进行完整性的表达，即「あなたのリュックを前に持ってください」，难免会令听话人产生被强加命令的感官效应。相比之下，选择省略性表达，会使乘客们在独立揣摩过程中感觉到自己是受到礼貌性对待的。

除这类标语牌子之外，电车里的广播也都是进行礼貌或是请求性表达的，如「大きなお荷物をお持ちのお客様は、まわりのお客様のご迷惑にならないよう、ご協力お願いいたします。」相比之下，在日语课堂上阐述的内容「～ください」，因其表达态度过于直接，令人产生被动接受命令的感觉，故在现实生活中使用的频率不高，相应地，他们会选择利用「お願いします」进行婉转式地表达，而「～ください」通常会在政府处理公共事务或是劝客人吃饭喝酒时使用，具体的表达模式分别表现为「ここに判を押してください」与「どうぞお取りください」。

（二）感恩的意识

日本群众一直保留着较强的感恩意识，一旦受到别人的恩惠，就会长期谨记。为了保证今后自己能够做出对应的回报，他们往往会利用一种寒暄类语言进行内心感恩情感的表达。这类语言在日语中出现的频率也较高，当中也不乏存在诸多的省略性表达状况。

首先，当再次接触到前期对自身有所帮助的人员，日本人会说「先日はありがとうございました」，这句话的含义是 "前一阵子非常感谢您"，而他们通常不会阐明具体感谢别人什么①。

其次，日本人在去其余人员家庭进行摆放环节中，在送适当价格的礼品之外，还会客气的表达「つまらない物ですが、……」，对应的汉语就是 "小小意思，不成敬意……"。某些人或许会产生这类想法：既然是小小意思，何必要大费周章地送，但结合日本当地的

---

① 竹内靖雄. 日本人の行動文法 [M]. 东京：东洋经济新报社，1995.39.

感恩理念，则是由于礼物原本没有什么贵重的，接受的人员就不会产生太大的顾虑，所以在「つまらない物ですが、……」这类语句之中，后半段省略的内容，才是说话人内心最想要传达的想法。

最后，「何もございませんが、（召し上がってください）」，其对应的汉语内容是"粗茶淡饭，请将就一下"，透过字面内容理解，要说是"粗茶淡饭"，又怎是待客之道。在日语之中，这是「何も賞賛していただけるようなものはございませんが、召し上がってください」的省略性表达，其是表达主体进行谦虚性表述的方式，意思是"客人不需要产生改日再予以回报等顾虑心理"。

由此看来，日语中存在的省略现象，充分映射出日本当地独特的文化内涵，如若不能进行省略现象的解读，那么在日语学习和文化交流过程中，必然会存在较为深刻的障碍。基于日本人较为独特的思维模式，在进行语言表达过程中，应以对方立场为基础。因此，只有将语言能力和语言背后的文化渊源充分结合起来，才可以确保学习主体更加熟练地掌握日语。

（三）"沉默是金"的处事原则

日语中表达"沉默是金"含义的语句着实不少，包括「言わぬが花」「1を聞いて10を知る」「能ある鷹は爪を隠す」等，对应的中文语句分别为"少说话最好""闻一以知十所言""雄鹰藏起爪，真人不露相"。

归结来讲，日本国家的人员，其思想和语言表达习惯和西方国家存在着显著性的差异，主要表现为：日本当地人因为长期受到儒家思想的熏陶感染，其"心中认定做事比说话要重要许多"；他们更加倾向于内心想法委婉和间接式地表达，和西方人直接性的表述习惯着实不尽相同。探究这类状况产生的原委，可以说和各类国家发展的历史背景有着直接性的关联。由于西方国家聚集生活的民族十分多样，其对应的语言也存在许多种类，且历史上经常遭遇外来侵略，为了保证彼此交流能够更加快捷、便利和精确，西方国家倾向于简单明确的说话方式。相比之下，日本是个岛国，由于很少受到外来侵略，一直以来，他们都是在进行本国国民之间的交流。尤其是作为同一个家庭之中的成员，诸如夫妻等关系亲密的人员之间，其都可以做到对彼此语言的心领神会。

综上所述，日本国家中不同人员在沟通过程中，尤其是表达主体，其通常会习惯性地采用委婉间接式的说话模式，向听话人传递内心的意见或是意图；而听话人则也倾向于透过这类含糊不清的语句体验感知对方的真实想法。诸多实践论证，此类较为婉转或是巧妙性的沟通模式是省略性表达方式传承与发展的保障性条件。

第七节　日语的人际功能及其文化特征

日语的人际功能与英语相比，除具有韩礼德归纳的英语用于"交换"的人际功能外，还具有独特的敬语系统。它不仅可以通过变形来实现"交换"，其本身也可以直接在对话过程中确认双方乃至第三人的社会关系。此外，日语中缺少英语的语气标签，且日语追问的回答视角也与英语不同。本节主要探讨日语的人际功能和文化特征。

功能学派的代表人物韩礼德（M.A.K.Halliday）认为，语言的人际功能（interpersonal function）就是交换信息或物品、服务。语言在社会活动中必然要承担传播信息、表达给予或请求的任务。但在不同的社会历史中，不同的语言有不同的发展历程。韩礼德所说的"用于交换"，不只是语言唯一的人际功能，也不只体现在他总结的语气（MOOD）系统和情态（MODALITY）系统中。在最早向国内介绍系统功能语言学说的学者中，就有人提出："人际功能不仅可以通过以上两种系统来体现，而且可以借助于称呼语、人称代词以及可以表达讲话者态度的动词、名词、形容词和副词等具体词汇来实现。"这样的观点，注意到了语言交流中"交换"以外的人际功能。如日语中，当我们称呼一个人为"先生"的时候，是借助"先生"这一词语所包含的社会认知来表达对被称呼人的尊敬，而直呼其名，自然会因为缺少头衔而显得随意或亲昵，这在中国或日本，都是比较容易接受的观点。

语言不仅是一种社交工具，本身也是一种社交行为。不同语言在不同的历史环境中会发生变化，其结构也相差很大。因此，仅仅以英文为例来分析语言功能，而不与其他语言相比较，是有失偏颇的。本节将尝试在功能语法框架下比较日语与英语，借此来探索日语的人际功能及其文化特征。

一、表达尊敬的系统

在语言形式上，日语敬语主要依靠三种方式实现。第一，最常见的是依靠助动词。如"です""ます""（て）いらっしゃる""（ら）れる"等。第二，日语中也可以用表达敬意的独立词来替代普通的词语，这主要体现在动词上。如"召し上がる"替代"食べる"，"いらっしゃる"替代"行く""来る""いる"等。名词也有类似的语言现象。如称呼语中用"殿"替代"さん"，或者当面很少用第二人称"あんた"，通常以第三人称"○○さん"的视角出现。第三，依靠显得冗长繁复的语言结构来表达敬意，如前面提到的"お見えになる"。若将这种表达的语法结构拆开，每个部分并不能表达出敬意。如"見える""なる"等词，这些词普通的词语，本身并不包含敬意，但借助这种结构，便可以表达出尊敬之意。

日语敬语在直观上，较简体的句子长，甚至可以粗略地说，越长的表达，越是能体现

出尊重、尊敬。日本人似乎也注意到这一特征，因而在生活中也会犯错，例如：校長もよくおっしゃられてたじゃないですか（校长不也经常说吗）。这句话的错误在于使用了二重敬语，这种现象并不少见。再如，日本"バイト敬语"中的："麻婆豆腐になります"（这是麻婆豆腐），"アメリカンバーガーになります"（这是美式汉堡）。虽说日本人所讲的这些语句不符合传统语法，但作为一种语言现象，值得深思。

之所以要连同日本人错误的语言现象一起考虑，是因为笔者认为，语言作为一种社会现象，是被描述的，而非被规定的。索绪尔认为，语言现象是任意的，约定俗成的，当然是符合事实的。而语言既然是约定俗称的，那么语言现象背后的规则自然也要随着社会的发展而变化。

笔者认为，错误现象有日本人三种深层次的思维逻辑。首先，越是长的、繁复的表达形式，越能体现出他们态度的慎重（即"丁寧"），也就越能体现出态度的恭谨。这也可以解释为什么会有二重敬语的出现。第二，将需要向其表达敬意的人的行为物化，或者说第三人称化，以避免自己与对象直接冲突。这一逻辑体现在"お見えになる"等语言现象中 ①。第三，独特的逻辑，则是依靠使役和授受关系来体现的，这一逻辑可以顺畅地从字面上解读出来。例如：拝読させていただく（请允许我读一下）。这类表达之所以能表示出敬意，不仅仅是因为这类表达被简单地"拉长"了，更重要的是它表达了讲话人行为的权力来源是听话人："拜读"这一行为，似乎是经自己请求听话人以后而被许可的，这一点由授受助动词"いただく"（请求、得到）来体现。而听话人授权的行为，则由使役态"させる"（使……做）来体现。故而，"拜读"行为，就因此成了一种"被授权"的受益行为。这样一种将自己行为解释成"经请求听话人授权而行使"的逻辑，很自然地是一种提高听话人地位的表达，自然地形成了自抑与尊敬之情。

语言作为一种社会现象，也自然会成为文化现象。日本语言中的三种敬语逻辑，不是一种偶然的现象。其等级制度与社会习惯并不是能被开国与维新轻易改变的，这样的等级观念，仍存在于日语之中，时刻活跃于日本人的潜意识中。

二、对追问的回答视角

韩礼德在分析英语语气系统时，提供了一个较便捷的方法，即观察语气标签（mood tag），如"will you?""isn't he?"。通过语气标签，可以较便捷地分辨出英语句子的语气。当然，这个标签也有其功能。在英语对话中，讲话者"可以添加一个附加语，作为对期待答语的提醒""它向听话人明确表示需要对方作出回应，以及他所期待的回应属于什么类别"。

与英语不同，日语对话中并不存在与之相同的表达，但是类似的，却有在句尾添加追

---

① 威廉·冯·洪堡特（Wilhelmvon Humbolat）. 论人类语言结构的差异及其对人类精神发展的影响 [M]. 姚小平，译. 北京：商务印书馆，1997：85-86.

问句子的现象。最常见的就是"そうじゃない？""違う？"。在这一点上，汉语、日语非常相似，而日语和英语则存在较大差异，如例 1 和例 2。

例 1：—あなたは…スープに毒物を混入。間違いありませんか？（你……往汤里混入有毒物质。没错吧？）

—はい。（对的）

例 2：—You don't know the girl with long hair，do you?

—Yes，I do.She's my cousin.

从例 1 和例 2 可以明显感觉到日语与英语的巨大差异。英语在追问之后，听话人回应的是其语气系统，而日语则不然。例 1 中，"はい"所肯定的，并非是所谓的"语气系统"，而是前者所提供命题（proposition）赋值的真假。换言之，英语中是非问句的回答，判断基准在于命题本身的真假，而日语则不同。

如果补全例 1 的回答，则应该是"はい、間違いありません。"（对的，没错）其表达肯定的"はい"（是的）之后，则是一个否定的回答。换个角度，如果这句回答是"いいえ"（不是），后面的句子必定是"あります"（有错误）。从而可以推测，日语在关于归一度是非疑问句的回答中，回答的"はい""いいえ"，与命题本身并没有关系，而是跟提问者有关。如果自己的回答与对方判断一致，就是"はい"，反之则是"いいえ"。换句话讲，日语是非问句的回答，着眼于"问答者观点的一致性"上，而非命题本身。

也正是由于这个原因，日语中不会出现像英语那样的语气标签。即使出现了，这种语气标签对于归一度的提问，也不会在回答中得到回应。因为回应的内容是关于问答者观点一致与否的回答，这种差异背后所反映的是语言背后的文化差异。同时，我们发现了一个巧合，即汉语中也存在同样的语言现象。那么可否推测得知：中日语言中凡回答是非疑问句立足于双方观点是否一致的，是否都不存在像英语那样的语气标签呢？更进一步证实，相比于英语是非问句中的回答立足于客观的事实，中日语言立足于"你我"主观是否一致。梁漱溟曾对世界文化进行划分，认为西方重视的是"人与物"，是物质文化；而东方重视的是"人与人"，是伦理文化；印度重视的是"人与天"，是宗教文化。那么中日的追问和英语的语气标签，也与它们语言深层的立足点和逻辑密切关联。可以推测，具有西方文化特征的语言都有像英语那样的语气标签；而具有东方文化特征的语言则没有英语那样的标签，与汉语和日语相近。笔者对此作了初步的求证，证实儒教文化圈中的韩语（朝鲜语）、越南语确与汉语和日语相近。

三、维持对话进行

在功能语法框架中的"语气"，被认为在推动对话过程中发挥着关键的作用。英语中由主语（subject）和限定成分（finite）构成"语气"，推动对话继续，如例 3。

例 3：—the duke's given away that teapot，hasn't he?

—Oh，has he?

—Yes，he has.

从例 3 中可见，语气推动着英语对话的发展。但在日语中，常常听到一些特别的对话。这些对话中，一方并没有刻意推动对话发展，而仅仅是附和，即日语所说的"相槌を打つ"。但这里讨论的附和，不限于口头上的"嗯"等语气词，而是一种对话发展的模式：附和使得对话持续，本身却没有提出或索取任何信息，也不提供、索取任何物品或服务。换言之，这似乎完全跳出了韩礼德限定的四类人际功能，但这却是日语对话中不可忽视的语言现象，如例 4。

例 4：—古美門がかぎつけたそうだ。（听说古美门嗅到问题了。）

—まあ。（是嘛。）

—しかしどこから情報が漏れたんだ？（但是情报是从哪里泄露出来的呢？）

—どこでしょうね。（是哪里呢？）

"まあ"表示的惊讶情绪，属于概念功能，但它却使得对话继续。这样的回应，其实际功能，只是向对方表示：我在听。与之相类似，还有"はい""そうですか"等。如果说中文中也有与之相类似的表达，如"哦""是是是"等，那么例子中最后一句"どこでしょうね"则非常具有日语的特色。提问人的疑问点在于"どこ"，应答者如果不知道，完全可以用"さあ""わかりませんね"表示不知道。但在这里，应答者却大致重复了对方的问题，很显然这一重复行为，并不具备韩礼德所说的任何一种"交换"功能。但由此认定这句话不具备人际功能，恐怕是不恰当的。因为这句话很明确地回应了提问者，其方式则是就提问者的疑问再度发问，表示自己兴趣与提问者相同。换句话说，就是应答者并不需要回答提问者的问题（即不需要提供信息），只需要向对方表示自己作为谈话的一分子在听对方讲话即可。这样回应对方疑问的方式，在英文和中文中都较少见。

与之相类似的，还有"だろう""ね"，如例 5。

例 5：—やわらかい。（很软。）

—ねえ。（对吧。）

在例 3 的英语对话中，推动对话进行的，是参与对话的双方，双方都在主动地控制着对话继续下去。这种模式，即双方主动交替推动对话继续的模式，在任何语言中都必然存在，是人类交流对话的常见模式，也是最核心的模式。但在例 4 和例 5 的日语对话中，应答者缺少主动推动对话的积极性。可是我们不得不承认，这些回应其含义上是一种确认，不再是推量。对话的功能已不再是提供或索取信息，而在于维持对话的进行，这一点是日语的特色。它打破了我们对于人际功能是用于"交换"、推动对话进行的思维[①]。维持眼前的对话关系（也是人际关系），也是一种重要的人际功能。当然，英语对话中的"indeed"也是这种应答现象，但不如日语对话中那么明显。

---

① 傅懋勣 . 民族语文论集 [M]. 北京：中国社会科学出版社，1995.

日语的这一特征，想必与日本人重视人与人的关系紧密相连。在这个重视集团、族群和等级的民族里，维持关系相当重要。当然，集团意识脱胎于农耕社会，日语中的附和行为，就是日本集团意识和农耕文明的佐证。

上文考查了日语中人际功能表现的特殊之处。系统功能语法的提出以英语为基础，其分析模式（如语气标签等）不完全适用于屈折语以外的语言，且韩礼德提出的人际功能框架内并不能完全涵盖日语与人际交流有关的语言现象，即敬语、是非问句的回答视角及维持对话（而非推动对话）的表达。这些现象都具有日本语言特色，也隐藏着日本文化独有的特征。敬语在于提示对话双方的上下亲疏关系，甚至是讲话人与第三人的关系；是非问句回答的视角显示出浓厚的儒家文化心理特征；维持对话的表现，则显示出日本独特的人际交流行为特征。语言的背后隐藏的是文化心理，深入探讨语言，是更深层地了解文化的有效途径。

第八节　对日语称赞表达的文化视角探析

在语言学中，称赞对象的选定、称赞表达的句型选择、称赞词语的含义认知和被称赞者的应答态度是人们在称赞表达形式考察过程中所不可忽视的内容，基于这四项内容，本节主要对日语称赞表达的文化内涵进行了深入解析，以促使人们的日语交际能力得到一定的提升。

一、称赞对象的选择

在日本学者川口义一、坂本惠等人编写的《待遇表現としてのぼめ》（日本語学 VOLI5）一文中提出了这样的观点："大多数的日语学习者在学习了日语知识以后，都会产生这样的疑问：日本人是否不擅长称赞他人？（在日本人受到他人称赞的情况下，他（她）们通常会采用否定应答形式进行回应）"而在实际生活中，人们只有在从文化视角入手，对这一现象进行考察以后，才可以对上述问题进行解答。

从社会学的角度来看，人际交往中的称赞言语行为是社会文化价值观的反映。日本本国的社会文化也成了称赞对象选择过程的主要影响因素。相比于欧洲人和美国人，日本人称赞他人的频率要少于欧洲或美国人称赞他人的频率。日本人对称赞对象的过度挑剔，是引发这一现象的一个重要原因。以日本人对异性的称赞为例，除了来自恋人的称赞以外，日本人对其他异性的称赞具有一定的抵触心理。在一些日本的企业中，人们几乎听不到男性职员对女性职员着装、发型的称赞，而日本企业中的女性职员也很少对男性职员进行称赞。针对家族内的成员，日本人通常会表现出一种批评性的态度，如"親に似て頭が悪い""しつげが行き届かなくて"等话语，是日本人用于自贬的常用话语。

从上述例子来看，日本人在称赞对象的选择过程中，会对发话者与被称赞者之间的亲密关系过于关注。在交际双方处于亲密关系的时候，日本人会首先称赞对方的知识或能力，其次为态度、行动、所有物和外表等因素。双方在亲密关系下会表现出面子威胁度低的特点，因此即使交流过程涉及了一些敏感的问题，双方之间的关系也不会因此受到影响，如关系亲密的同性朋友之间所进行的称赞是发自内心地称赞。在相对疏远的关系下，为避免因隐私问题所带来的不利影响，日本人通常会对对方的知识、能力及人品性格和外表等因素进行称赞。

二、称赞表达的句式选择

一般而言，称赞表达并没有严格的句型限制，但在文化规则等因素的影响下，称赞表达中也出现了一些约定俗成的固定模式。在对日本学者的研究结果进行吸收借鉴以后，我们可以将日语称赞表达句式分为以 Subject/Topic（主语、主题 / 话题）、Predicate（谓语）、Y Copula（连接主语和谓语的系词）为顺序的句式和以 Subject/Topic Predicate Adj（形容词）为顺序的句式等多种句式。可以说，在日语的称赞表达句式中，人们在大多数情况下会使用带有褒义意义的形容词或形容动词。以 Subject/Topic Predicate Adj（形容词）为顺序的句式的出现，与日语的自身特征和日本本国文化之间有着较为密切的联系，因而称赞表达的句式也是社会文化因素对交际者的制约作用的产物[1]。

三、对称赞词语的认知

根据日本学者池上嘉彦的《記号論への招待》（岩波新书）中的观点，一些语言符号具有表示义（字面意义）和共示义（汉语中的言外之意）两种含义。所以，在对日语称赞表达的认知问题进行探究的过程中，人们也需要对文化伴随意义的影响进行关注。一般而言，称赞词语中的文化伴随意义主要与以下两种因素有关：一是潜在的受民族文化制约的感情色彩；二是与之有关的评价色彩，二者之间的联系可以被看作是人们对事物的褒贬态度的表现。在文化规则的影响下，称赞表达的伴随意义也成了称赞对象的某种价值取向的反映，因而在日语国内的交流语境下，称赞语的选择需要与日本社会的主流价值标准相吻合。偏离主流价值标准的问题会给称赞表达的交际功能带来不利的影响，如在我国社会中，"胖"与"发福"或"福"等概念之间存在着一定的联系，但是在日本社会，"胖"字带有"体制低下"的含义，因而通过评价胖瘦来称赞他人的过程中，人们不能使用"太っていまね"这一评价语。

---

① 张永言.关于词的"内部形式"[J].语言研究，1981（1）：9-14.

四、被称赞者的应答态度

从称赞表达的定义来看，被称赞者对称赞的回答主要涉及以下两方面的内容：第一，是否接受称赞者的称赞；第二，是否认可称赞者的积极评价。从理论上看，日本人对称赞的应答主要有以下四种形式：一是接受称赞者的称赞、同意称赞者的积极评价；二是接受称赞者的称赞，但不同意称赞者的积极评价；三是不接受称赞者的称赞，但同意称赞者的积极评价；四是既不接受称赞者的称赞，又不认同称赞者的评价。但从日本学者收集的评价实例来看，很多人在现实生活中往往会降低对方称赞的程度，这种习惯可以被看作是日本人自身谦逊意识的反映。

在对日语称赞表达问题进行分析以后可以发现，称赞对象的选择问题是我们所无法忽视的问题。称赞表达在言语交际中发挥着重要的作用，在不同文化环境的影响下，不同语言的称赞表达形式存在着一定的差异性。称赞表达是日语交流情境中的一大重要问题，对日语语境下的称赞表达技巧进行明确，可以促使人们的日语交际能力得到一定的提升。

第九节　日语拒绝言语行为的文化心理

日本人在进行拒绝言语行为时，与对方的亲疏远近以及上下级关系，决定着所采取的策略。这与日语文化中的"和"文化和集团意识密不可分。

在人际交往中，拒绝是最伤害人家关系的，因此，能否得体地拒绝，决定着人际交往的成功与否。而由于日本是个单一民族国家，自古以来以稻作文化为主，形成了长期的合作关系，因此，拒绝表达就更为复杂。在表示拒绝时，比起直言不讳，日本人更多地喜欢使用间接表达。但是，虽说同是间接拒绝，形式却是各种各样。但无论对谁的请求和邀请，日本人经常采取先道歉或感谢然后再拒绝的策略。而且当难以拒绝的时候，如，对上司的邀请或恩人的请求等，就会用说中途结束的表达方式，或含糊地表达。另外，日本人在进行拒绝言语行为时，非常重视亲疏关系。与对方的关系的远近，决定着所采取的策略。

一、日语拒绝言语行为的特点

（1）道歉＋理由。拒绝时由于无法满足对方的要求，抱有愧疚心理，经常先道歉，然后说出理由。而拒绝的话不会说出来。下面例子是兄弟之间，弟弟想借哥哥的车。由于是家人，关系亲密，所以表达比较直白。

弟：兄ちゃん、土曜日、車を貸して、いい。

兄：ごめん、私も土曜日使うから。

（2）感谢＋理由。日本人面对对方的邀请，给予的机会等，一般先表示感谢，然后说出理由。下面的例子是关系不太亲密的同学，邀请对方看电影。由于关系不太亲密，所以表达比较正式。

クラスメート A：〇さん、映画のチケット二枚持っているから、今日、いっしょに見に行きませんか。

クラスメート B：ありがとうございます、残念ですが、今日は約束がありますので。

（3）中途结束句。日语中省略表达很多，讲究以心传心。拒绝时更是如此。只说出一半，后面表示拒绝的话由于难以启齿，经常会省略，如，在火车上，旁边的人想换座。知らない人：座席を替わってもらいたいですが、よろしいですか。山田：えー、それは

（4）模糊表达。日本人平时说话就喜欢模糊的表达，不直接把内心的想法说出来，根据当时的语境，靠对方意会[①]。如，男孩向女孩求婚。

彼氏：私と結婚してください

彼女：結婚なんて、冗談でしょう

二、日语拒绝言语行为中的文化心理

日本人为什么用以上的方式拒绝对方呢。分析一下文化心理原因。从历史来看，从圣德太子时代至今，日本一直提倡和为贵的思想。避免争斗，表面上不对立。"和"作为日本社会人际关系的润滑油，来维系人与人之间的心灵沟通。而直接的拒绝行为最破坏日本自古以来最为重视的"和"。日本集团意识特别强烈。

日本古代，以村落为单位生活，到今天的企业，社区，到学校的社团，时刻都在清晰划分自己的所属集团和不所属集团。集团内和外，使用的语言大不相同。尤其对集团外的人进行拒绝时，必须注意拒绝的策略。

（1）集体归属意识强烈。在从小开始的集体意识教育下，日本人普遍认为集体是他们的利益共同体、命运共同体。自己处在这个共同体中，就必须努力与同伴们团结配合、尽量顾及别人才能实现自己的利益，而不是破坏对方来争取自己的利益。尤其是在同接触外部时，内部的矛盾暂时搁置，而要把集体的利益放在第一位。几乎 90% 的日本人喜欢集体活动，都具有强烈的集体归属意识。

（2）各安其分意识强烈。强烈的集团主义要求他们一定要服从于严格的序列意识。在日本社会里，日本人把人、社会集团、国家等一切事物都看作是一个序列，而且对于自己、自己的集团、自己的国家在等级排列中的地位特别敏感。他们安分守己，遵守规章制度，绝不可以破坏这一序列。下级必须服从上级，上级也一定对下级爱护。

（3）从众心理严重。日本人非常重视集团内部的和谐。他们都对同是日本人的他人有一种特别的依附心理，这是集团意识的最大原因。如果一个日本人被人们认为是"与众不同"的，那将是他最为恐怖和羞耻的事情，日本人最为害怕的就是自己与他人不一样，

---

① 王德春 . 语言学概论 [M]. 上海：上海外语教育出版社，1997.

所以他们总是千方百计地证明自己和大家是一样的。只有置身在某一集团或者潮流中时，日本人才会感觉心安理得，才能够得到别人的尊重。只有将自己全部奉献给集体，他们觉得只有这样才能找到自我的位置和价值。

（4）"内""外"意识严重。对集体的过度重视和依赖又衍生出了日本人严格的"内""外"意识。在日本每一个社会成员都归属于一个特定的团体，这样在团体内部成员之间就形成了温情的伙伴关系，通过共同合作，大家履行各自承担的责任和义务，集团则相应地也会给成员以家族式的保护。而对于其他集团的成员，则把他们界定为"外"，从语言上来看彬彬有礼，而这其实是表达了一种疏远，冷淡或者不关心的态度。

日本的集团主义精神，确实促进了战后日本经济的高度发展，使日本民族团结稳定，这是我们应该学习的地方。但是事物都是有两方面的，集团主义也是这样，比如它也影响了日本每个人个性的解放，以及自我意识的觉醒等，也是形成日本特色拒绝表达的根本文化心理原因。

第十节　中日文化差异与旅游日语翻译

文章通过分析中日文化差异，对旅游日语翻译对策展开探讨，旨在为旅游日语翻译工作的顺利进行研究使用提供可靠的借鉴。

伴随社会经济的飞速发展及全球化发展的逐步深入，为旅游行业发展创造了良好契机，并使得其在国民经济发展中扮演着越来越重要的角色。近些年，我国旅游业不断兴旺发展，并招徕一大批境外游客，其中与中国同属亚洲的日本即为主要的客源地之一。然而，受中日文化差异影响，使得旅游日语翻译工作面临诸多挑战，在旅游中时常引发各式各样的翻译不当问题，对中日旅游事业有序健康发展造成不利影响。由此可见，对中日文化差异与旅游日语翻译开展研究，有着十分重要的现实意义。

一、中日文化差异概述

中日旅游用语即便存在一定的文化差异，然而该部分文化差异并非是不可逾越的。提高对中日旅游用语文化差异形成原因的明确认识，对翻译人员充分把握中日旅游用语的文化差异，开展准确的旅游日语翻译，有着十分重要的现实意义。中日文化差异，具体表现为：

（一）语言表达方式差异

中日语言表达方式差异，首先是敬语表达上的差异，对于汉语敬语表达而言，通常指的是尊敬；而对于日语敬语表达而言，则分别包括尊敬语、郑重语以及自谦语等。旅游日语翻译中，在导游与日本游客进行交流时常常要涉及敬语表达，就好比，称谓语"お客様""お客さん"等 [①]。敬语表达有助于构建和谐融洽的关系。倘若在服务日本游客期间，可对日语敬语表达展开合理运用，则必然能使日本游客感受到服务人员的友善态度及敬意。其次则是汉语词汇表达上的差异，汉语与日语中存在大量的同形汉语词，经中国古代传入后，日本汉字历经了长期的发展，基于对自身国家实际国情的结合展开了深入革新，其含义俨然发生了极大程度地转变。就好比，"相声是曲艺形式的一种"可翻译成"漫才は大众の演芸の一つである"，其中汉语"曲艺"即被日译成"演芸"。

（二）历史文化差异

因为不同国家、民族有着自身特有的历史发展，所以在悠久的历史进程中对应形成的历史文化也存在极大差异。中国传统文化对日本文化的影响由来已久，然而不论是哪一个国家、民族均有着自身特有的历史发展轨迹，日本历史文化自然也是有别于中国。在对同一事物进行表达过程中，中日两国语言因历史文化背景的不同，所以表现出截然不同的传统文化意义。就好比，在对心目中的英雄进行称赞时，日本人习惯用："花は桜木""人は武士"。在日本历史文化语境下，樱花属于美的象征；而武士则在日本江户时代实现了自身在政治舞台上的不断突破，因而，在日本人看来："花中以樱花最高洁""人中以武士最杰出"。而在中国历史语境下，在对心中英雄进行称赞时，则往往会唤作"人中吕布，马中赤兔"。

（三）风俗习惯差异

各个民族均有着自身特有的风俗习惯，并由此形成各不相同的民族文化，同时也充分彰显了不同民族对各种事物的别样喜好与贬斥，这同样是产生中日文化差异的一大原因。就好比，在对猫的认识上，由于在日本风俗中存在"猫妖"的传说，因而在日语中有着大量贬斥猫词语，例如，"猫に小判"——"对牛弹琴"，"猫にかつおぶし"——"羊入虎口"等。

二、旅游日语翻译对策

在现阶段全球化发展逐步深入背景下，旅游行业要紧紧跟随社会发展步伐，不断开展改革创新，基于国内外先进翻译理论原则，逐步强化旅游日语翻译，如何进一步促进旅游日语翻译工作的顺利进行可以将下述对策作为切入点：

（一）提高对中日文化差异的重视度

无论是哪一个国家哪一个民族的发展均是一个很长的过程，所以文化的形成同样是源远流长的。即便伴随全球化发展的逐步深入，不同国家的文化不断趋向于融合，然而各个国家、民族依旧沿袭着自身悠久的传统文化及风俗习惯，该部分长期弘扬的文化显然是无

---

① 布纳克.人的起源与古代人类分布 [M].莫斯科：苏联科学出版社，1951：271.

可替代的。所以，在推进旅游文化发展期间，要提高对中日文化差异的有效重视，切忌对相关传统表达意义、语境进行强行更改，切忌对原本固有的思想表达内涵进行强行破坏。

举例而言，在开展旅游日语翻译期间，要注重对语言表达的含蓄处理，明确认识日本民族委婉的语言表达方式，切忌由于中国人的"心直口快"而对日本游客造成困扰，并且还应当在事前开展好必要的中日文化差异宣传，进而避免引发不必要的误会。

（二）运用目的语中的合理表达

旅游日语翻译以日本游客为主要服务对象，采取合理的日语表达是至关重要的。就好比，在旅游日语翻译中注重对日语中敬语表达的运用，可极大程度促进服务质量的改善，然而日语敬语运用存在一定复杂性，由此对翻译人员所具备的语言概念及文化背景知识提出了较为严苛的要求。举例而言，公用场合下日本人往往运用"～てください"取代"～なさい"，这是由于后者在日语语境中，通常是长辈对晚辈、领导对下属等运用的具有命令口吻的敬语方式。在日本日常生活中鲜有运用，显然也不适用于旅游服务行业中①。

除此之外，旅游公示语、日常习语等如果存在对应的日语表达可供借用，也可对日语中的表达进行直接运用，如此一来，一方面可使旅游日语翻译变得更为贴切，一方面可使日语游客更易于理解。举例而言，"禁止拍照"可翻译成"撮影禁止"，"停车场"可翻译成"駐車場"，"禁止入内"可翻译成"立入禁止"，"病从口入，祸从口出"可翻译为"病は口より入り，わざわいは口より出づ"等。

（三）强化文化层面信息的合理表达

中国有着十分悠久的历史文化，要对其开展准确的翻译及传播，方可切实达成文化传播的意义。就好比，中国人长期以来就十分推崇"龙"和"凤"，它们即便是存在于传说中的神异动物，然而在中国人思想观念里，"龙凤呈祥""望子成龙""望女成凤"等早已根深蒂固。虽然中国传统文化对日本文化的影响由来已久，然而该部分"龙""凤"的观念，日本人所不甚了解，对"龙""凤"观念的推崇更是无从谈起。相反的，日本人对中国人所嗤之以鼻的一些动物，诸如"猪""狗""龟"等却抱有好感，相关统计数据显示，在日本全国姓氏中，带"猪""狗""龟"的姓氏在174个以上，充分说明了日本人对它们的崇拜。鉴于此，面对为中国人所熟知，然而对日本游客却较为陌生的历史文化、风土人情等，应当采用增加翻译、增加解释等手段来开展旅游日语翻译。由此一方面可有助于使日本游客更易于理解、接受，一方面可有助于中国传统文化更好地表达、传播。

总而言之，伴随中日两国旅游往来活动的日益频繁，旅游日语翻译工作在推动两国文化交流，构建两国友好关系等方面扮演着越来越重要的角色。鉴于此，旅游行业相关人员必须要强化研究，加大对中日文化差异的分析力度，结合旅游日语翻译实际情况，"提高对中日文化差异的重视度""运用目的语中的合理表达""强化文化层面信息的合理表达"

---

① 费尔迪南·德·索绪尔. 普通语言学教程 [M]. 高名凯，译. 北京：商务印书馆，1980：264-265.

等，积极促进旅游日语翻译工作的顺利进行。

第十一节　日语中季语的内涵及文化意义

由于日本人亲近大自然、热爱大自然，而且能够用心体会大自然的变化，所以日语中产生了丰富的季语。日语中的季语分类细致，包含着人们对季节变化的细微观察。日本人创造了很多能体现他们自然观、人生观和内心精神世界的美丽季语词。细细地品味这些词的内涵及文化意义有助于我们进一步挖掘季语之美，也能让我们进一步认识到季语在俳句中所起到的巨大作用。

一、季语的形成

日本四季分明，随着季节的变化，自然界的景色也在不断地变化。千变万化的自然环境孕育出日本人亲近大自然、热爱大自然的天性。加上日本人敏感、细腻，能够用心体会大自然的变化。于是，日语中产生了丰富的季语。俳人将季语巧妙地编织在俳句中，以此来抒发自己内心世界的情感。

然而，季语并不是日本民族所独有的，在中国也有许多描述季节的词汇，只是没有像日本人那样用"季语"这样一个专有名词来统称那些词汇，中日两国自古以来就有着很深的渊源，日本从中国借用了很多词汇，有许多季语也是直接来自中国。日本人很善于吸收其他民族的优秀文化成果，并不断丰富和发展本国的文化，他们在借用一些季语的同时也创造了很多新的季语，使得日语中的季语体系不断完善。

二、季语的内涵

季语是表示或象征春、夏、秋、冬不同季节的语言。例如日本人一提到「桜」「夕立」「紅葉」「雪」便分别和春、夏、秋、冬联系在一起，眼前马上就会浮现出四季的不同景象。日本人把季语收集分类注释编辑成书称为《岁时记》，亦称季语集，它涉及季节、天文、地理、人事、宗教、动物、植物诸多方面，在世界上堪称无与伦比。

季语是由人们的季节感支撑的，其中包含着人们对季节变化的细致入微的观察。季语不仅能够反映出日本人纤细的情感特点、唯美的审美意识，也能反映出他们的生活智慧和思维传统。如「朧月（おぼろづき）」——若隐若现的春天的月亮；「蝉時雨（せみしぐれ）」——众蝉一起鸣叫好像落雨的声音。蝉儿们想要将仅存的生命燃烧似的唱出最后的歌，日本夏天最具代表性的季语之一；「茜空（あかねぞら）」——秋天日落时被晚霞染成淡橙红色的天空；「木枯らし（こがらし）」——西北风、刺骨寒风、深秋到冬季的寒冷的北方季风。

在日本，有时一种事物根据不同时间和特点各有不同的称呼。比如，阴历八月 16 日的月亮叫作「十六夜（いざよい）」，稍有残缺而且比 15 日出来得稍微迟一些；17 日的月亮叫作「立待月（たちまちづき）」，要在这天赏月，只要站着等一会儿就会出来了；18 日的月亮叫作「居待月（いまちづき）」，月亮出来比 17 日要晚一个小时，不如在家里看；19 日的月亮叫作「臥待月（ふしまちづき）」，就寝的时候月亮才会出来，躺着看一会儿就睡着了；20 日的月亮叫作「更待月（ふけまちづき）」，月亮出来大概要过午夜，还是明天再说。由此可见，日语中的季语分类之细。俳句诗人在创作俳句时会灵活选择不同的季语来抒发不同的感受和心境。这也说明日本人表达感情之细腻 [1]。

日语中的很多季语都是从中国借用而来的，其中最典型的莫过于像「立春」「雨水」「啓蟄」「春分」「清明」等这些代表二十四节气的词汇，这些词现如今已经融入日语中成为日本季语的重要组成部分。当然也有绝大部分季语是日本民族自己创造的，例如「花冷え（はなびえ）」「稲妻（いなずま）」「小春日和（こはるびより）」「虎落笛（もがりぶえ）」等词就是日本人自己创造出来的、意境很美的季语词。「花冷え」，指樱花开放时节本应是春回大地，气温回暖的时候，但是有几天气温可能会骤然下降。而在这样一种特殊的天气去欣赏寒冷却依旧美丽的樱花，也别有一番滋味。「稲妻」，雷电在稻子生长的期间十分常见。如果这一年雷电多的话，往往会孕育出更好的水稻，因此古代农民将雷电称为稻妻，就好像是水稻娶了贤德的妻子一般。这是古人通过经验总结出来的智慧，如今在科学上已经得到了证实。「小春日和」，阴历 11 月中旬到 12 月上旬，短时间平稳、无风而且晴朗的日子。天气稍有回升，因此又被称作「小六月（ころくがつ）」。「虎落笛」，指屋子四周有柱子栅栏的人家，冬季的北风吹在上面发出类似吹笛子的声音。

三、季语的文化意义

季语鲜活呈现了森罗万象的大千世界：春夏秋冬的四时风情，山川草木的自然风姿，花鸟虫鱼的千姿百态以及大自然给人们带来的微妙的心理变化。

俳人将季语巧妙地运用到俳句中，使十七个音节构成的玲珑小诗充满了生动的自然情趣和丰富的主观情感。所谓俳句是由三节十七个音节"五—七—五"组成的古典短诗，要求严格，其中必须包含一个季语。人们常说，季语是俳句的生命。或说，季语是俳句的灵魂。它不是因俳句的格律需要为凑数而写进去的表面上的东西，而是俳人创作时寄托感怀的自然表达，也是丰富俳句内涵的一种需要。它在俳句中主要起着突出情感、联想、暗示、比喻和象征等作用。

季语也可以说是日本人生活的指针。几乎每一个季语都能与日本人的生活联系起来，如以上提到的「花冷え」「小春日和」是人们对生活中特殊天气的感悟；「稲妻」表示雷

---

① 　[日] 吉田金彦 . 日本語源学の方法 [M]. 东京：大修館，1976.

电来源于古人的生活智慧；「虎落笛」富于日本人的生活联想。

　　季语，看似小不起眼，实则意境深远，是一种很美又很有魅力的语言。它有着深刻的内涵和文化意义，值得人们去细细品味和探究它的奥秘，通过了解季语也可以进一步地了解日本人的自然观、人生观以及他们丰富细腻的内心世界。

第十二节　基于语义、风格及文化的商务日语函电翻译

　　本节首先对功能对等理论进行了概述，而后从词语、句式、语篇等三个方面对商务日语函电的相关特征进行了探讨，最后根据功能对等理论的指导，从语义、风格及文化等方面对商务日语函电汉译策略进行了研究和分析，以供相关人员进行参考。

　　商务日语函电作为一种文体形式具有明显的特征，当前阶段广泛应用于中日贸易领域，是双方沟通交流的重要工具，能够为中日在贸易活动中的沟通与交流提供一定的便利，因此，要重点关注函电汉译工作的准确性和合理性，以此来保证相关贸易活动的正常开展。在功能对等理论的合理指导下开展相关汉译工作就可以一定程度上保证译文的功能对等性，使得目的语可以将源语的语言风格等进行良好地再现，这对于中日双方贸易发展有着一定的促进意义。

一、功能对等理论概述

　　功能对等理论（Functional Equivalence Theory）是由美国语言学家尤金·A·奈达（Eugene Nida）提出的，此项理论的核心概念就是功能对等，在翻译工作中保证文本内容中的词语、句式、语篇以及文体形式的对等。译文不仅要将表面词汇含义呈现出来，还要将其文化内涵进行体现，要保证翻译工作的预期效果，要求目的语和源语之间可以达到动态对等，对其进行细致划分主要包括如下几个方面：传达信息内容、文体形式、语言风格、文化信息等。实际上，奈达提出了两种理论，就是"形式对等"以及"功能对等"，但是，他对后者的重视程度较高，更加强调功能对等。这也是由于在实际翻译工作中，形式对等这种情形相对较为少见。奈达认为在翻译工作中无法实现源语与目的语之间的绝对对等，所以在实际的翻译工作中，译者可以通过最合理、准确、自然和对等的语言，使目的语的表达方式与结构与源语接近，以此来讲源语所要表达的信息进行传达。

二、商务日语函电相关特点

（一）词语特点

　　由于商务日语函电文体形式的特殊性，其词语方面具有显著特征，主要表现为专业术

语频繁出现、外来语较多、缩略语数量多等。在翻译工作中首先要对专业术语进行拓展和延伸，从而更好地理解专业内容，才可以明确商务活动的重点，在此基础上合理开展下一步相关活动[①]。外来语的使用目的主要是为了提升贸易效率，减少贸易成本投入，与国际全面接轨。缩略语通常是由国际规则和相关惯例制定而产生的，使用缩略语可以对表达内容进行规范，一定程度上提升商务工作效率。此外，由于商务日语函电是中日贸易活动中沟通和交流的重要载体，所以书面、规范语的出现频率也相对较高。

（二）句式特点

商务日语函电作为一种特殊形式的工具，一定程度上是代表企业与对方进行沟通和交流，规范、严谨的内容可以有效提升企业的形象，因此在商务日语函电中郑重、敬语句较多。与此同时，惯用句也被大量使用，通常包括感谢语、请求语、前言以及结束语等。对此类惯用句进行合理使用，在提高工作效率的同时，还能够有效保证函电最终的质量。

（三）语篇特点

商务日语函电在语篇方面具有其独特的属性，整体结构相对严谨、内容较为规范。正式函电中必须要包含以下内容：发信编号、编写日期、收件人企业及姓名、发件人企业及姓名、函电标题、前言及问候语、正文文本内容、最后部分以及结束语。

三、商务日语函电汉译策略

功能对等理论针对翻译工作提出了明确的要求，要以自然、贴切的形式将源语内容信息进行有效的呈现，具体传达的内容信息不仅要包括表面层次上的词语信息，还要包括深层次的文化信息。根据功能对等理论来对商务日语函电进行汉译时，相关工作人员一定要遵循功能对等原则，将源语清晰、准确、通顺地翻译出来，笔者对具体的汉译工作策略进行了如下探讨。

（一）合理选择对等词语，保证语义对等

例如，私達は1か月以内にすべての供給を完了できます。——我方可以在一个月内完成全部供货。お支払い方法 M/T、T/T、D/D。——结款方式包括信汇、电汇和票汇。在对商务日语函电进行汉译工作时，要对专业语、外来语以及缩略语进行不断的积累。专业语在不同场景的应用中会存在一定的差异，所以，在对这些词语进行汉译时，要严格遵循功能对等理论的指导性原则，充分结合函电整体内容，要保证在意境氛围、精神内涵、具体内容等方面尽可能接近原文。在汉译的过程中要对专业性进行重点关注，切勿望文生义，保证译文与原文在信息内容上的对等，让阅读者可以及时、快速地理解文本内容，避免因此产生的商务纠纷。

---

① ［日］阪倉篤義 . 日本語の語源 [M]. 东京：講談社，1978.

在对函电进行汉译工作时，要重点明确两种语言在表达习惯和语法等方面存在的不同，要在保证原文内容信息的基础上，对函电中的相关词性进行转化，以此使得译文更加流畅。例如，当初、コストは来年増加するでしょう。——初步预计，成本会在明年增加。今週末に到着がない場合は、一連の問題が発生します。——如果这个周末没有到货，就会出现一系列的问题。就上述汉译实例而言，就是将相关词性进行了转化，从而译文更加流畅，保证了语义方面的对等。

（二）保持礼貌风格，保证风格信息对等

商务日语函电代表的是企业的形象，而礼貌性地文体风格也正是函电的突出特征，这样可以促进双方的友好交谈和协商，有利于贸易活动等可以顺利开展和进行。例如，できるだけ早く状況を確認していただきありがとうございます。——请贵公司尽快核实情况，深表感谢。在进行汉译工作时，要在功能对等理论的正确指导下，将函电内容信息进行全面的再现，要对庄重、礼貌、委婉等语言风格进行保持。

（三）融入语言文化，保证文化信息对等

文化可以通过语言的形式表现出来。中日双方所处地理位置不同，社会制度也存在差异，受各自文化背景的影响，两国人民的思维和文化等方面都有着较大的差异。而这种情况就会对函电翻译工作产生一定的影响，由于文化差异导致无法完成功能对等翻译时，可以通过归化法来进行汉译工作。例如，製品の品質向上を重視し、社会の発展のニーズに応えます。可以在保证传达内容准确性的同时，适当添加相应的文化信息，可以将其翻译为——我方的经营理念就是要不断提高产品质量，以此满足社会日益增长的需求。这样一来，译文就会更加准确、贴切，从而保证了文化信息方面的对等[①]。

商务日语函电在格式上存在一定的规范性，通常表现为前言、开头问候语以及结束语等方面的套语化。针对这种情况，在进行汉译工作的过程中，可以使用套译法对函电进行翻译，不仅可以保证语言方面的流畅和通顺，高度符合汉语的语言习惯，还可以将其修辞规范等方面进行合理呈现，从而满足阅读者的需要。例如，今後も気をつけてください。这是函电结束语中的寒暄语，在汉译工作中可以在功能对等理论指导下，结合汉语的语言习惯以及文体格式等对其进行翻译，可译为——在后续的合作中，还请贵方多多关照。这样一来，可以实现功能和语气等方面的对等，一定程度上促进了交流效果。

综上所述，功能对等理论对于商务日语函电汉译工作而言，有着十分重要的意义，可以有效保证汉译工作的预期目的，在此基础上双方就可以进行及时有效的沟通和交流。在对商务日语函电进行汉译工作时，要明确功能对等的重要意义，并根据其原则结合函电特征，通过高效合理的汉译策略来完成相应的翻译工作，从而保证目的语和源语之间在语义信息、语言风格以及文化内涵方面实现对等。

---

① ［日］大槻文彦 . 大言海 [M]. 东京：富山房，1956：2.

第六章 日语语言与文化透视

第一节 文化视角下的日语语言文化表达

在日语语言文化特征中，众多的日语研究者从日语的特点、习惯就日语的特征提出了很多说法，比如："耻感文化""以心传心的文化""心的文化""内外有别的文化"等等。其中，决定和规范日本人的思维、行为模式及语言表达方式的依然是"内外有别"的语言文化意识。日语语言文化中的"内与外"的语言表达，对理解日本人的精神构造、社会构造及语言构造提供了重要的线索。

一、传统的"和为贵"思想

在日本发展经济的过程中，为了协调内部民众间的矛盾与冲突，日本人开始重视良好关系的构建问题。这表现在语言文化中，就是他们更倾向于使用那种含蓄和委婉的表达方式。如果一个个人做出了一些与集体思想相悖的事情，将会被其他人耻笑甚至排斥。因此，日本人十分重视与周围人的关系，有时甚至把别人的观点看得比自己都重要。他们在这种道德标准的引领下，已经形成了一种强调个人与集体关系的良好氛围，并进而在语言表达中呈现出一种更为谦逊的发展趋势。

二、日本语言文化的表达特征

日本语言文化的表达特征实际上就是日本人思维模式的集中体现，也是他们性格习惯的根本反映。日语学习者只有很好的了解日本语言与日本文化，才可能真正学好和运用好日语[①]。就现有的状况来分析，日本语言文化最为显著的表达特征就是它的暧昧性，这是日本人克制含蓄的生活态度与行为习惯决定的。接下来，我们将具体分析下日本语言文化的暧昧性特征表现在哪几个方面。

（一）强烈的内外意识
日本这个民族有着较为强烈的内外意识，因此，他们的语言中很少使用你、我这样的

---

① ［日］泉井久之助 . 言语民族学 [M]. 大阪：秋田屋，1947：34.

词汇来进行表达，因为他们认为这样的代词显得有些生疏和死板。换言之，日本语言中常常会使用一些内外分明的措辞或者敬语词汇来表达你我之分。有时，日语中也会通过授受关系句型来表达你我之分。然而，这与中国语言之间的差距较大，因为我们汉语中没有对应的表达方式，当然也就没有相应的词汇。这主要是因为中日之间巨大的文化差异造成的语言表达差异。当然，日语中还有很多关于天气等礼节性的寒暄语，这在汉语中也是没有的语言表达方式。

（二）委婉的语言表达

日语的最大特色之一就是语言表达时常常有一种委婉客气的感觉，它主要是因为日本人受到了"和"思维模式和"以心传心"意识的巨大影响而导致的结果。因此，当日本人在与人相处的时候，往往会在内心里希望与他人保持一种良性的互动关系，尽可能的建立起一种人与人之间和谐愉快的相处氛围，从而保持一种相对愉悦的心理状态。这就使得日本人在进行语言交流的时候，往往会充分考虑到对方的感受，尽可能的运用一些让对方感受到好感的语言表达方式，即使明知道要不符合对方愿望，但依然要使用尽可能不引起对方不满的语言表达方式。鉴于此，在日语中，有很多委婉的拒绝和巧妙的回答等方式，让对方感到情感上不是那么排斥和愤怒。这是因为日本人缺乏一种是与否对立的意识和概念，他们不喜欢在是与否二者间作出一定的选择。他们在与人交往时，常常会力求不伤害对方的情感。因此，他们在语言交流时，不会直接运用赞成或反对这么直接的刺激性语言表达方式。他们会在与人交往时，密切观察对方的行为变化，并以委婉的方式来表达自己的意愿，有时是一种欲言又止的意思表达。这是日本人为他人着想的思想文化体现。我们在与日本人交往时，必须注意到他们这种语言文化表达方面的委婉性特征，这样，才能够真正理解他们的真实意图，从而促使交流的顺利进行。

（三）模糊的语言表达

日本人的暧昧性还体现在一些模棱两可的语言表达方面。他们在进行语言交流的时候，常常会采取一种间接的表达方式和不够明确的词汇来表达一种含混不清的意思。听话人很难准确把握住他们的真实含义。比如说日语中有些词汇可以在不同的语境中表达出不同的含义。这就需要听话人根据具体的语言环境来准确把握说话人的含义。此外，日本人在讲述时间和地点时，也喜欢使用一些含糊不清的词汇和句型，这是日本人给自己的语言留下一定的空间或余地。这就是为什么日本人常常会在一些时间和数字后面加上一些概数词的原因，他们会尽可能地让表达变得模糊不清。

（四）敬语的广泛使用

敬语是日语中较为特殊的语言表达方式，它常常是指说话人根据与听话人等之间的关系来表达自己对对方敬意的一种语言表达方式。应该来说，日语中的敬语是一个非常重要的表达方式，是日本人思维方式与交际方式的重要体现，是日本社会文化中的上下级关系的集中反映。

（五）省略的表达方式

日语中也会遇到一些拒绝的交际场景。但是，日本人不习惯直接拒绝别人，因此，他们就常常运用省略的方式来避免尴尬。比如说，在日语中，人称代词和句子成分的省略往往是不明确拒绝的代名词。在日本人初次见面的时候，常常会说"初次见面"，但却会省略掉"请多关照"，这是因为日本人的逻辑里已经会自然而然地加上这个含义了。此外，当日本人在交流的时候，对于一些都已知晓的信息，他们也会省略掉。尽管日本人对于这样的语言表达方式习以为常，但是，中国人或其他语言文化背景的人，不一定能够准确理解其真实含义。

（六）多意的表达方式

首先，日语中有一词两意的表达方式。这就是说日语中有同一个词语，但是，它却可以有不同的意思，甚至是表达一种相反的含义。这就需要日语学习者根据具体语境来进行正确地判断，否则，就会造成语言交流的失误甚至是误会。我们可以通过说话人的行为举止和面部表情等来分析其真实的词汇含义。虽然日本人是想给对方一种交流的余地，但实际上却增加了交流的难度。我们必须深入体会其委婉简洁的语言表达方式，并准确把握住其语言上的余地，真正揣摩到说话人的真实意图[①]。其次，日语中还有一些言外之意需要把握。日本人在交流时，常常重视感情交流，因此，即使不同意对方的意见，也会委婉地表达出来，这就需要对方能够准确体会到说话人的言外之意。这是日本人懂礼貌，有教养的表现之一，是他们换位思考立场的集中体现。

（七）否定与推测的表达方式

日本人在提出拜托和邀请的时候，反而会使用否定的语言表达方式。这是他们认为如果遭到别人的拒绝也不至于很尴尬。这实际上就是日本人否定的语言形式，表达一种肯定的含义。这是日本人为自己留后路的同时，也考虑到对他人的尊重，是日语表达中较为圆滑的语言形式。此外，日本人还会以一种推测的语言形式来表达谦逊的态度，这是他们重视周围人感受的良好品质。

第二节　基于日语的语言表达特征探讨日本节化

日本是十分讲究规矩礼仪的国家，这也充分渗透于他们的语言当中，在不同的日语语言表达中也渗透了不同的日本人文文化内涵。本节就以日语中的特定语为例，简要介绍了它的实际语言表达形式，并着重分析了隐藏于特定语中的日本节化内涵。

---

① 　国語学辞典编集委员会 . 国語学辞典 [M]. 東京堂出版社，1979.

在日语中，特定语即特定情绪表达语，它通常以句型表达形式出现，另外还存在词汇表达形式和省略表达形式。日语特定语所揭示的是说话者的感激、尊重、礼貌、婉拒、体谅、谦虚等各种情绪意图，表达方式相当含蓄。如果对日语特定语进行仔细研究，会发现日本人所秉承的某些日本节化内涵，这值得研究日语的人们深度推敲。

一、日语特定语的基本表达形式

日语特定语在日常对话中被频繁使用，它以说话人的隐藏意图作为载体，正是这种隐藏意图促使了特定语的产生，不但表达日本人的心理状态与特定情绪，也展现了日本人文文化的深度内涵。这里以特定语的句型表达形式与省略表达形式展开初步分析。

（一）特定语的句型表达形式分析

特定语句型表达在日本人的日常生活表达中非常常见，这也是日语学习的精髓，它的学习难点就在于学习者是否能够掌握特定语句型表达中所蕴含的隐藏内涵，只有做到深度理解，才能在特定语表达上更接近日本人，讲更地道的日语。特定语比较常见的句式包括了"すみません"，这一句在日语中原本用来指代谢罪之意，直译过来表示"没有任何的辩解余地"。但在当前，这句日本人常用的特定语被赋予了更多的意义与内涵，例如在表达感谢、愧疚之情的时候都可以用它，甚至有时它也能够起到代替"ありがとう"或"こんにちは"的作用，举例来说，"いつもお世話になって、すみません"（一直以来都承蒙您照顾，太感谢了！）或"すみません、お入ってもよろしいですか？"（你好，我可以进来吗？）由此可见，"すみません"确实是日本人口中的万能句型，它作为日语中常用的特定语具有普适性，也在一定程度上反映出日本人的人文性格与文化内涵。

（二）特定语的省略表达形式分析

省略表达形式也是日语特定语中的重要表现形式，它可以用于开场白的前文语言表达形式中，也可以用于文末的省略表达中。就以文末省略表达为例，特定语在文末使用常常表现出一种婉拒、歉意或解释某种原因的意味，如果某人邀请自己去做某事，但自己由于种种原因不方便参加，那么此时就可以这样表达："ごめねん、今日はちょっと……"（今天嘛……）这里不会直接采用"忙しい"或"時間ない"等直接表达，这也体现出了日本人在寒暄文化方面的性格含蓄特征，同时也表达了对对方的最大尊重。同理，在图书馆中，如果有人感到他人特别吵闹，可以对他说"あのう、ちょっと声が……"（不好意思，您的声音可不可以……）这种看透不说透的特定语含蓄表达，也体现了日本人含蓄委婉的人文文化特征，非常具有民族特色。

二、日语特定语表达背后的日本节化透析

日语特定语表达虽然简洁，但富有深邃的日本人文内涵，并非是简单的言语表达，它

拥有非常值得深入研究的语言文化价值①。

（一）日语特定语句型表达形式中的日本节化

这里还以日本人常用的"すみません"为例，它所蕴含的日本节化内涵是相当深厚的，由于它的万能性，甚至很多时候，一句"すみません"就能化干戈为玉帛，让人与人之间的所有怨气、怒气都烟消云散，拉近对话双方的距离感。因此，"すみません"这一特定语可以被当作日本人人际关系的润滑剂，这主要是它所蕴含的多种日本节化内涵，是日本民族文化的重要产物。

这里通过两个例子说明"すみません"包含的日本人文文化特征。第一，"すみません"展示了日本人"和"的文化思想。日本是一个单一民族、单一文化的国家，由于特殊的地理位置，所以日本人自古以来都极其崇尚集体主义，他们强调融合共生，强调稳定和睦，强调礼治大于人治，所以从这句"すみません"来看，它就体现了维系人与人之间和谐共荣、和谐共生的桥梁关系。例如，在委婉拒绝他人时可以说"すみません、ちょっと都合が悪いですが……"（对不起，我有点不太方便……）这一句是真诚表达歉意的特定语加委婉语表达形式，而且语言中透露了一定的暧昧内涵。日本人从来不当面直接拒绝他人，这是他们的民族个性，而这种婉拒更是追求人和关系的一种鲜明体现，充分表现了日本人"和"的文化内涵。

第二，它表现了一种"義理人情"，此时"すみません"更多有表达感谢的意味，而潜意识中则是表达不要给别人添麻烦的情绪。这种人文心理其实来自于日本社会传统的"義理人情"文化意识，即恩情观念。日本人非常懂得感恩，他们和中国人一样善于讲人情，例如"お茶どうぞ！あっ、すみません"（请喝茶！啊～谢谢你）这句话潜台词是"啊～麻烦您了"，表达了对对方为自己准备茶饮，实在是麻烦了的一种谢意和些许的歉疚之情，日本人不希望对方费心为自己做任何事，不希望为对方带来任何负担。又如"ちょっとお手伝いしただけなのに、こんなにたくさんお礼を頂戴してしまって、本当にすみません"（我就帮了这么一点小忙，还得到如此的回礼，真是不好意思啊）这句话中，"すみません"就有站在回礼人的立场上说话的意味，他表达了为对方增添麻烦的内疚之情，所以这也是日本人"義理人情"文化意识的重要体现。

（二）特定语省略表达形式中的日本节化

在某些特定语的省略表达形式中也体现了日本人的一种文化特征，那就是体察文化特征，比如"素直に申し上げると……"（坦率讲……）这句话并没有说完，只说出了前半句，但是此时说话人就会察言观色，体察对方的行为举止与言语。这是日本人对对方的最大尊重，即永远要将对方的想法放在第一位，绝对不会拒绝甚至激怒对方，这是日本人的为人处世之道，这就是体察文化的精髓。

① 日本語教育学会 . 日本語教育事典 [M]. 大修館書店，1982.

在日语中"遠慮"一词完美体现了这种文化，比如说"遠慮しなくて、はっきり言いでください"（不必多虑，请直言不讳）这也是日本人对对方说话人的一种尊重。

本节通过几个日语特定语分析了日本语言表达特征，其包含了日本人文文化与传统文化的精髓，这体现了日本人"以心伝心"的民族文化精神。

第三节　日语中有关"耻文化"的语言表现

一个民族的文化和语言必然相互影响，有着难以割舍的联系。日本也是如此。鲁思·本尼迪克特曾称日本的文化为"耻文化"，确实在日常生活中，日本人很在意羞耻感，行动也谨慎小心，以免发生让自己难堪的事。因此由"耻文化"衍生出来的语言表现也广泛存在。本节立足于文化与语言的关系，尝试分析日语中有关"耻文化"的语言表现并探讨其文化起源。

羞耻感是日本社会中衍生出来的一种特殊的社会意识。日本人把"不要发生让自己难堪的事"作为一种生活中的基本精神来要求自己。"名を惜しむ""恥じらい""恥じ入る""恥をかく""恥を知る""顔が赤くなる"等等这类语言表现正反映了这一点。这些语言表现是如何产生的呢？这又与日本的文化有着怎样的联系呢？首先我们要了解下日本节化的特点之一，即"耻文化"。

一、本尼迪克特的"耻文化"理论

美国著名的民族学家鲁思·本尼迪克特曾在其著作《菊与刀》中阐述了日本人的羞耻意识。她指出：羞耻感是对他人的批评做出的反应，一个人在他人面前被嘲笑，被拒绝或者那个人自己认为被嘲笑就会感到羞耻。无论哪一种情况下，羞耻感都成为一种强大的强制力，因此，日本人的行为原理是推断他人对自己行为的判断，并把他人的判断当作标准来制定自己的行动方针。在"犯罪"和"羞耻"之间日本人更在意"羞耻"，杀人犯是杀害别人肉体的人而嘲笑者是杀害别人心灵的人，心灵远比肉体宝贵因此嘲笑是最恶劣的罪行 [1]。本尼迪克特也指出这点并称日本的文化为"耻文化"。

然而，"知耻"这种生活规范，最终变成规范他人行为的"他律"，也就是所谓的"他人本位"法则。日本人缺乏西方"罪文化"的自律性。换言之，日本是"耻文化"为基调，依据外来的强制力来规范自己的言行，把道德的绝对标准放在羞耻意识上。

二、与"耻"有关的语言表现

在学习日语及日本节化的过程中，我们可以发现在日语中关于有关"耻"的语言表现

---

① 佐藤喜代治. 国語学研究事典 [M]. 明治书院，1977.

有很多，下面将搜集到的例子按照词性进行分类。

名词：名、恥、恥辱、体面、面目、名誉、恥じらい

动词：照れる、はにかむ、恥ずかしがる

形容词：恥ずかしい、申し訳ない、みっともない

惯用句及俗语：名誉を傷つける、恥をかく、恥を知る、恥の上塗り、名を惜しむ、名を立てる、顔がつぶれる、顔が赤くなる、顔むけがならない、体面を保つ（汚す）、面目ない、面目躍如、面目玉を踏み潰す、面目丸つぶれ、面目を失う、面目を凌ぐ、面目が立つ、面目を施す、一分を立てる、一分が廃る、穴があったら入りたい、、決まりが悪い、ばつが悪い、かっこうが付かない、ひっこみがつかない

简单分析以上的例子可以归纳出几个特点：1，名词中多数都是汉语词汇，故我们可推测日本在吸收中国古代语言精华的同时也受到了当时"仁义廉耻"观念的影响，将这些词汇引进日本 2，单独的名词、动词及形容词并不多，往往是三者相互组合来反映日本人的知耻心理。而且很多惯用语都有肯定和否定两种形式存在，如恥をかく（欠かない）、体面を保つ（汚す）。为什么日语中有这么多与"耻"有关的语言表现呢？我们还是要从日本的"耻文化"中寻找答案。

三、与"耻"有关的语言表现的文化起源

早在《万叶集》中就出现了"名を立てる"这个说法，由此可见日本关于"耻"的观念从古代开始就已存在。到了镰仓时代，这种观念变得越来越显著。据很多战记文学描写，镰仓武士常常说到"名こそを惜けれ"，"耻"对于当时的武士来说已然是重要的行为规范，因此也产生了"よき名を求め、悪しき名を忌む"这种"忌讳丢脸，避免难为情"的伦理。

这种"知耻"意识经过室町时代一直到封建社会的江户时代一直被传承，特别值得一提的是重视"名を重んじ""恥を知る"的武士道的出现。对于武士而言，"名"和"耻"都是维持主从关系不可或缺的，"体面""面目"的意识也更加被重视。后来随着町人阶级不断掌握了经济实力，虽然在町人阶级中不存在上下主从关系，但和武士阶层一样的是，个人的"体面""面目"即"一分を立てる""一分がすたる"这种生活规范也开始得到重视。受到他人的侮辱、被他人嘲笑的时候就会觉得"一分を廃れた""顔が立たぬ"，无论付出多大的牺牲也要努力"一分を立てる"。就这样，"耻意识"中产生了"耻文化"，"耻文化"中产生了与"耻"有关的语言表现。

总而言之，日本的"耻文化"对日本有深刻的影响，也促使日语中出现了很多与"耻"有关的语言表现。因此，我们既要学习日语的语言也要学习日本的文化，并将两者融会贯通，才能真正领会其中的内涵。

第四节　日语语言表现的岛国农耕文化内因

文化是语言的基本内容，语言是文化的表现形式，语言中蕴含着丰富的文化内涵。封闭岛国自然灾害频繁的地理环境培育了日本顺从大自然、祈求神灵保佑的岛国农耕文化。本节分析了岛国农耕文化在日语语法中的表现：人称代词、称谓、自他动词、谓语后置、暧昧的表达，并通过分析惯用句的人文环境背景，反映岛国农耕文化对惯用句的影响。

日本是一个岛国，由北海道、本州、九州、四国等 4 000 多个岛屿组成，四周被太平洋、日本海、东海和鄂霍次克海成环形包围，东临太平洋，西隔东海、黄海、朝鲜海峡、日本海，同中国、朝鲜、俄罗斯相望，北与库页岛、西伯利亚隔海相望。岛上山地和火山占国土面积的 74%，而低洼地只占国土面积的 15%，大部分人口集中在这些区域。列岛孤悬于西太平洋上，自然灾害频繁，地震、台风、火灾是日本的三大 [名物]。以种植水稻谋生的日本人在这种特殊的自然地理环境中培养了顺从大自然、祈求神灵保佑、谨小慎微、勤劳隐忍的岛国农耕文化，也造就了日本民族的岛国根性[1]。所谓岛国根性「普段、外国人（外部の人）との接触が少ないため、視野が狭く、独善的で内の小さな利益にこだわりがちなこせこせした気質。」（平时与外国人、外界人的接触很少，所以视野很狭窄，自以为是，拘泥于集团内部小利益的一种小气的特性。）

语言是文化的载体，是文化的积淀，语言中蕴含着丰富的文化内涵，"语言脱离其根植的文化是无法存在的。"任何一种语言的产生、变化和发展都与其民族和国家的自然地理环境、社会文化和风土人情有着密切的关系。文化是语言的基本内容，语言是文化的表现形式，那么岛国农耕文化作为日本节化之根，在日语语法和惯用句中有很多表象。

一、岛国农耕文化在日语语法中的表现

由于受顺从自然、顺从环境的文化观支配，日本人缺乏自我意识，个体主张弱，为人处世小心翼翼，尽量使用含混暧昧的语言，为自己留有回旋的余地。表现在日语语法中的特点是在意志表现和非意志表现、他动表现和自动表现、人为动作和自发表现、主动表现和被动表现中喜欢选择后者的表达形式，而不是从主体对对象的动作和作用这样的角度来表现。

（一）人称代词的相对性和省略

日语中，和听话人的人际关系不同，说话人第一人称代词也会随之变化。同一个人对自己的孩子用「お父さん」（爸爸），对同事或兄弟的孩子用「おじさん」（叔叔）。日

---

[1]　佐治圭三·真田信治. 日本語教師養成シリーズ 2[M]. 黒潮出版社，1989.

语语法中省略主语的现象普遍存在，而且，个体主张意识较强的人称代词「わたし」（我）和「あなた」（你）在日常会话中也尽量避免使用。如果频繁使用「きみは…」（你…）「あなた…」（你…）则会让人联想到双方出现了争执。如在日语中，「なる」和「する」是一对具有代表性的自动词和他动词。「なる」表示变化的结果状态，「する」表示对象的动作或作用引起的变化。在「なる的表现」和「する的表现」中，日本人更喜欢使用「なる的表现」。例如："这个工作不开心，我要辞职了"「この仕事が楽しくないから、辞めることになりました。」"我们要结婚了"「結婚することになりました。」"这次我要到美国留学去了"「今度アメリカへ留学することになりました。」，按照一般的日语语法书上讲到的「ことにする」表示主观的意志决定，「ことになる」表示客观决定或结果状态来看，"辞职""结婚"和"留学"都是由个人的意志决定的，所以应该分别译成「この仕事が楽しくないから、辞めることにしました。」「結婚することにしました。」「今度アメリカへ留学することにしました」。但事实上日本人一般使用「なる的表现」，说「この仕事が楽しくないから、辞めることになりました。」「結婚することになりました。」「今度アメリカへ留学することになりました」。在日本人看来，这就像刮风、下雨一样，完全是一种个人在成长过程中的自然归结。

（二）谓语后置表达

　　日本人缺乏自我意识，个体主张弱，为人处世小心翼翼，以他人的内心感受为自己的活动基准，将他人的内心放在第一位，即使自己有主张，也会考虑到对方的感受。任何一种语言都能够明确地表达肯定和否定的态度，唯有日语肯定和否定的差别只有在全句表达完毕时才能知道。这就使日本人有机会根据谈话对方的反应巧妙地改动句尾。如汉语"我不想做那项工作"，否定词"不"出现在人称代词之后，让人一目了然，而同一个句子的日语表达则是「その仕事をしたくないです。」日语的否定在句末才出现，这就要求听话人必须听完整句话才能明白说话人的真正意图。这就使说话人也可以在说话的过程中根据听话人的反应，通过改动句尾来灵活巧妙地改变说话意图。

（三）回避断定表达

　　日本人较少使用肯定的表达，而是绕一个弯子，使语气变得不那么直接，从而显得委婉、没有了那种咄咄逼人或强加于人的感觉，也给自己留有很大的回旋余地。如使用「こそあど」系列模糊概念的表达，「どこまでお出かけ？ちょっとそこまで」（你去哪儿？去那边一下）、「それで分ったね」（那样子的，明白了吧）、「あれでいいじゃない？」（像那样子的不好吗？）等表达形式来委婉表达。再如，在不得不使用肯定句的时候，在句尾加上了「けれども」、「が」之类的助词，使话语末尾的含义变得留有余地。如「もしもし、私は三菱商事の吉田ですが」（你好，我是三菱商事的吉田……）。「あのう、ちょっと頼みたいことがありますけれども」（对不起，有事想拜托您一下……）。「ささやかなものですが」（这是我的一点小心意……）。「あなたの立場に立って考えたら、あなたと同じく考えると思いますが、」（如果我要是站在您的立场上，那一定是和您的看法是一致的，可是……）。这样实际上把反对意见用委婉的语言巧妙地隐藏起来了①。

（四）否定形式的委婉表达

日本人爱用否定的形式来表达肯定的意义，特别是用否定疑问式表示疑问，从而显得委婉。日语不直接问「海に行きたいですか？」（想去海边吗？）而是委婉地问「海に行きたくないですか？」（不想去海边吗？）。不说「今晩、お寿司を食べますか」（今晩，要吃寿司吗？），而说「今晩、お寿司を食べませんか」（今晩，不吃寿司吗？）。语气柔和，语感暧昧。并且日语采用双重否定的形式表示肯定。如「きれいじゃないでもない」（她不是不漂亮）。「好きじゃないではない」（不是不喜欢）。「行きたくないでもない」（不是不想去）。双重否定因为绕了一个弯子，使意义变得不是那么直接，从而显得比较委婉。

（五）拒绝的委婉表达

日本人极不喜欢表明自己的态度。他们对对方的要求一般不会采用「だめです」（不行）、「できません」（不能）、「やりません」（不做）等直截了当的拒绝方式。为了不伤害对方的自尊心，多会使用「また今度一緒にやりましょう」（下次一起做吧）、「そのことをもう一度考えてみます」（那件事情我再考虑一下）、「一緒にもう一度努力してみましょう」（我们再努力一下）等含蓄的表达方式，有礼貌地加以拒绝。在政治会谈和贸易谈判中，日本人经常使用「前向きに考えます」（我会积极考虑的）、「考えておきます」（我想想）、「検討させていただきます」（我们会讨论一下的）等看似接受其实拒绝的话，如「その部品の値段の件について、前向きに考えてみましょう」（关于那个零件价格的事，我们再认真考虑一下吧）。「環境汚染対策を解決する問題について、もう少し検討させていただきます」（关于治理环境污染对策的问题我们会讨论一下）。「前向き」「検討させていただきます」就字面来看含有积极、向上的意思，但用于谈判和交涉时就完全是拒绝的代名词。它和「致しません」（不做）的意思是一样的。

二、岛国农耕文化在日语惯用句中的影响

日本人认为大自然中的一切现象，如风雨雷电、火山爆发、地震海啸都是由神来支配的。人间的一切幸福和灾难也都是由神来决定的。这种岛国农耕文化在日本产生了占绝对统治地位的神道。在日本每年各个神社举行的祭祀活动称为「祭」。如京都八坂神社的「最初の祭り」是每年的 7 月 17 日。而「最後の祭り」是在 7 月 24 日，如果这一天「山鉾」（山形彩车）没有出现，观众就会觉得索然无味①。又有史料记载，「後の祭り」是指「死後の祭り」。所以「後の祭」是表示为时已晚，不起任何作用的意思。日语中表示相同意

---

① 真田信治 . よくわかる日本語史 [M]. 株式会社アルク，2004.

义的惯用句还有「六日の菖蒲」和「十日の菊」。日本每年的「菖蒲の節句」（端午节）是 5 月 5 日，家家户户都有在门前插 [菖蒲] 的习惯。9 月 9 日是重阳节，在日本称作「菊の節句」。「六日の菖蒲」和「十日の菊」与「後の祭」一样，都表示错过时机，无法挽回的意思。

日本人信奉「神」「霊」「もの」和「鬼」。他们认为「鬼」是「神」从天上、山上、海里来到地上后的变形，认为鬼力大无穷、冷酷无情、非常可怕。由此产生了「鬼に金棒」（如虎添翼）、「鬼のいぬまに洗濯」（阎王不在小鬼翻天）、「鬼の空念仏」（猫哭耗子假慈悲）、「心を鬼にする」（横下一条心）等惯用句。

日本人从古至今种植水稻，引水灌溉对种好水稻至关重要。村和村、家和家之间经常因为灌溉的水源发生纠纷。「この水はわしの田に引くぞ」（这水要引到我的田里）、「いや、わしの田に」（不，要引到我的田里），双方为此争论不休。由此便产生了「水かけ論」这一惯用句，表示争论不休的意思。

长期生活在四面不靠陆地的封闭岛国，加上自古以来火山、地震、台风、海啸等自然灾害频发，使日本这个岛国民族常常处于一种不安的心理状态，依赖他人，渴望与他人保持一团和气。因此日本人不愿直抒己见，不愿露锋芒。明明是客观事实或自己就是这么想的，日本人仍会使用「たぶん」「かもしれない」「でしょう」……「と思います」的推断语气回答。以防止「出る杭は打たれる」（出头的椽子先烂）。

日本列岛的地理位置与诸多大国相邻，西面邻近中国，北面为俄罗斯，东面隔洋是美国和加拿大等大国，日本列岛孤悬东海。这种地理上的封闭与隔绝，塑造了日本民族特有的一种分裂型的人格和自相矛盾的个性。"世界上恐怕没有一个民族像日本民族那样行为自相矛盾，让人难以理解。"[5] 由于日本人完全习惯在一个狭小封闭的空间生活，每时每刻都注意着他人的眼色。著名的日本语言学家金田一春彦在《日本语》一书中写道："日本人にとってはハジをカカヌようにというのが毎日の行動を規定する根本精神である（对日本人来说，不能丢脸是指导自己每天行为的根本准则）"。在日语中表示羞耻、难为情的词语特别多。比如"「てれくさい」（害羞、不好意思）、「みっともない」（不体面、不象样）、「恥ずかしい」（害羞、惭愧）、「ひっこみがつかない」（下不来台）、「ばつがわるい」（难为情、尴尬）、「決まりが悪い」（难为情、不好意思）、「かっこうがつかない」（不成体统、不象样子）"等，动词有「てれる」「恥じ入る」「恥じる」「はにかむ」等，名词有「恥じ」「恥じらい」等。还有许多与"羞耻感"有关的说法。如"「肩身が狭い」（脸上无光、感到丢脸）、「世間体が悪い」（不体面、不光彩）、「汗顔」（羞得脸上出汗）、「赤面する」（羞得脸红）"。

日本人的羞耻心是源于企图掩藏自己的毛病以及与其他人的不同之处，避免因暴露这些而受到歧视的心理。但是这些只是表现在一个相对封闭的小圈子之内。如相识的人在一起时，日本人显得彬彬有礼，时刻提防不要出丑，一旦离开这个圈子，就会表现出不顾羞耻的情形。有一句惯用句："「旅の恥は掻き捨て」（旅途之丑但出无妨）"表达了这种心情。

　　任何一种语言的产生、变化和发展都与其民族和国家的自然地理、社会文化、风土人情密切相关。一方面，语言与文化相互依存，相互影响。一个人的思维方式、语言心理可以通过语言表达这种方式展现出来；另一方面，语言是文化的载体，不同的语言生动鲜明地反映出不同的文化。本节分析了岛国农耕文化在日语语法中的体现，包括人称代词的相对性和省略、谓语后置表达、回避断定表达、否定形式的委婉表达、拒绝的委婉表达及其对惯用句的影响，语言作为文化的载体蕴含着丰富的文化内涵，岛国农耕文化在日语语言中的渗透还有待进一步研究。

第五节　日本大学日语语言教育与文化的结合

　　伴随着日本社会的发展和国际化程度不断加深，在日本大学中针对国外学生的语言教育也发生了变化，由传统的日语知识传授开始向交流能力的掌握转变，并关注日本节化的作用。鉴于日本以"和"为主要内涵的文化特质，文章就其影响下的日本大学日语教育理念，分析了日本大学的日语教育过程中对于日本节化和其他文化间交融的态度和方式，从而有效促进了日本大学日语教育中语言教育与文化的结合 [①]。

一、以"和"为核心的文化影响下的日本大学日语教育理念分析

（一）关注学习者的教学设计

　　在日本大学的日语教学中，对其文化中"和"的反应，首先表现为对学习者的关注，实际上就是施教者对受教者的自主性的充分尊重和对学习者的考虑；而在教学设计中建立学生的主导地位，就充分体现了日本节化及其影响下教学的基本理念。在实践过程中，其对学习者的关注主要表现为对其需要及其需求动态性的把握。就其对需求的关注而言，在进行课程设计时，对学习者的需要进行全面考察，根据这些来设计教育的各个环节。留学生往往具有不同的背景，如年龄、知识以及生活阅历，因此日本大学的日语教育更希望可以将学习者的需要作为出发点，对于教师和学生、教与学的关系进行重新的思考，寻求一种新的教育形式来让学习者学习不同的文化；而有效地把握学习者需求的动态性，主要是因为在不同阶段学习者的需求和要求可能都不一样，随着年龄的增长和知识的不断丰富，在学习的过程中他们会慢慢明白自己需要的是什么，真正感兴趣的是什么。而这种需求是动态存在的，不是一成不变的，因此教师应该根据学习者不同的情况进行不同的课程设计。

---

① 　金田一春彦 . 日本語音韻の研究 [M]. 国立国語研究所，1967.

（二）委婉含蓄的教学情境的营造

在语言交流和运用的过程中，日本节化中的"和"突出表现为含蓄委婉的表达方式，具体包括与人交谈过程中的寒暄语、附和语气词的运用以及具有朦胧感的沟通氛围的营造。而在实际的日本大学日语教育中，对于教学侧重点的转变和教学情境的设定充分展现了这一文化特征。更为重要的是，在此过程中特别强调真实环境和仿真环境的营造，从而使得留学生在与日本人的交流、相处过程中，寻找文化以及语言的规律，同时在实践中加以运用；这种真实或者仿真的语言情景，实际上就是具有含蓄、委婉和一定朦胧感的沟通氛围。事实上，也只有这样才可以更好将语言教育和社会文化有机联系在一起，从而实现语言学习不断发展。

二、日本大学的日语教育对于文化间交融的分析

（一）支持自律式学习，充分尊重学习者对不同文化及其内容的选择

从 20 世纪 90 年代开始，在对异文化交流以及文化和语言相结合不断被重视的背景下，其留学生日语的教学中自律学习获得了很多的关注，同时在研究和应用方面也不断增多。所谓自律学习，主要在于强调学生在学习过程中的主导性和选择性。自律学习一个比较大的特点就是由学生自己决定学习内容。这样学生就可以根据自己的需要去了解日语知识以及文化，学习的原动力更加足。学生通过对自己的能力以及知识结构的不断认识来合理计划自己的语言学习。其次学生要具备对整个学习过程以及学习情况的自我认识以及反思的能力。同时还要在学习过程中善于发现新的知识点，这对于产生新的学习动机非常重要。更为重要的是，对自律学习方式的支持，实际上反映了"和"文化影响下的日本大学的日语教育中对于学习者自主选择和接受不同文化和内容的态度；而这种支持性的态度，对于不同文化背景的学生的自身态度、价值观以及素质的塑造具有重要的意义。

（二）强调协作学习机制的建立，有效促进日本和其他民族文化间的交融

1. 设立不同文化的混合班

通过在外国留学生当中引入日本学生，让留学生有更多的机会去接触到日本的文化。通过课堂的教学，比如说进行分组讨论，就社会上某个问题展开讨论，通过日本学生的讲述，学生可以更好地理解日本节化，留学生的观点对于日本学生也是一个重新思考的过程。

2. 班级内的合作学习

口头表达课是日本大学留学生比较重要的一门课程，主要目的就是训练留学生的讨论以及交谈的能力。首先需要学生在课下先对日本的社会文化生活进行深入的学习和研究，同时进行社会调查，撰写调查报告。在课下的学习和调查中就需要进行协作学习，在这个

过程中相互学习，共同提高①。在课上的讨论或者是分享当中，每个不同的小组成员往往又有不同的分工，促使大家对前一阶段的学习进行总结和思考，在这个过程中发现自己的不足，总结相关的经验，促使自己更进一步地学习。这种协同学习很好地锻炼了针对日本节化的交谈以及讨论的能力，同时加深了对日本节化的理解。

3. 进行社会实践活动

在日本大学还有"异文化与日本的相遇"这样一门综合教养的课程，主要讲述的是日本人的日常生活，除了课堂上的讲授之外，还要求留学生和日本人一起体会本地的传统节日以及风俗习惯等。留学生需要进入日本社会进行社会生活实践，在现实生活中进行日语交流，体会日本节化，这样可以在真实的体验中学习语言。

第六节　从认知语言学文化模型理论的角度看第二外语日语教学

第二外语教学理论与语言学的理论密不可分。新兴的认知语言学必然也会给第二外语教学带来重要的影响。本节试图将从认知语言学的角度阐释语言的本质，用认知语言学的文化模型理论说明文化和语言的关系，然后分析我国第二外语日语教学的现状，指出第二外语文化教学面临的种种阻碍因素，并通过分析，把这一理论与第二外语日语教学联系起来，以说明其理论指导作用。

一、认知语言学文化模型理论

认知语言学的诞生始于英国科学家维特根斯坦对传统范畴学的批评性研究，并为后来的原型范畴理论的形成提供了理论基础。目前盛行于欧洲、北美及其他国家的"认知语言学"指的是诞生于 20 世纪 70 年代末，80 和 90 年代得到迅猛发展，至 21 世纪已逐渐成为主流的新兴语言学流派。认知语言学经验主义认知观认为，语言能力是人的一般认知能力的一部分，语言结构与人类的概念知识、身体经验等有关，因为语言使用者对事物的描写不局限于客观的描写，而是会对它们的意义提供更丰富、更自然的描写。人们对于他们在生活中遭遇的种种现象，经历并蕴藏了大量的经验或思维概念即语境。当他们加工、理解一个句子时，势必要调用以往贮存的一些相关的语境②。认知语言学把属于某一特定领域的全部认知体系或语境称为认知模型，并且认为，认知模型不是共同的，而是依赖于人们成长和生活的文化，文化模型决定认知模型。由此可见，认知语言学对外语教学的启示是很明显的。不同文化的人对现实世界有不同的认知，那么语言的教学必然包括文化的教

① 皮细庚. 日语概说 [M]. 上海：上海外语教育出版社,2006.
② 金田一春彦. 日本语新版（上）[M]. 东京：岩波书店,1988.

学，外语教学无法脱离外国文化的教学。因此，文化模型理论对于第二外语教学指导思想的建立具有指导作用。

二、第二外语日语教学现状

关于我国目前有多少所院校开设了第二外语日语课程，这个数字不得而知。根据笔者的实际教学经验和文献资料显示，我国高校目前第二外语日语教学的基本情况如下：

（一）学习目的不明确，难以调动学习积极性和主动性

第二外语所开设的对象为英语专业本科学生。这些学生通过4年学习英语，要求达到英语4级以及8级的水平，这一目标成了学生学习的最大动力。然而，对于第二外语而言，并没有相关的考级要求，仅仅是为了拿到学分。再加上"考试重语言轻文化、重语法轻交际"致使非专业学生在日语学习中明显缺乏与人沟通、合作、吸收社会文化知识等。

（三）教材问题

笔者所在的学校所使用的教材是1988年由人民教育出版社所出版的《中日交流标准日本语》（初级上、下）的修订本《新版标准日本语》。此书在一些方面反映了语言科学发展的新成就，对提高高校的二外教学水平起到了重要的作用。但这本教材词汇量、练习量偏大；语音教材过于简单，学习对象又是零起点的英语专业学生，难以达到教学的要求和目的。

（三）教学手段单一化

现行传统的教学方法一直具有很大的优势，但随着时代的发展，以及对语言应用的要求，传统的教学方法受到了极大的挑战。目前的二外教学，仍然是教师以"教"为主，学生"学"为辅。由教师解释单词，语法的意义用法，学生做大量的笔记。整个教学过程中，很少有学生参与的环节，不能充分发挥学生的主导作用，更不能达到用语言实际交流的目的。于是，这种传统的日语教学"费时低效，高分低能"等现象就很突出。因此，日语教育者对日语教学的改革迫在眉睫，全面提高大学生的日语应用能力。

三、认知语言学文化模型理论对第二外语日语教学的指导作用

文化模型理论对于第二外语教学指导思想的建立具有指导作用。认知语言学最大的特别之处在于，它是从语言的认知能力与运用能力来确定人们的语言能力，而非传统语言学那也只注重学习语言的能力。有力地证明了，在语言教学的实际过程中，教授者可以充分利用学习者的认知能力和运用能力，在教授语言的相关知识的同时，通过列举具体的事实的方式进行教学活动。学习语言的目的是为了要和人沟通与交流。在实际交往中，有的交际不是语言性的交流。人们的这种非语言行为符写，可以传递相应的信息，能够为处在特

定文化背景的人理解并接受。在具体的教学当中，利用理论有效结合实践的原则，教师在实训过程中适时地讲解相关基础理论知识，通过学生模拟教学的形式，对日语语法、语音以及词汇进行重点训练。

文化模型理论可以有效地将语言与文化结合。在传统的言语教育实践中，不论是以实例为中心还是以用法为中心的教学方式，实际上都一直在采用重视语法或重视规则的方法。但是这种方法的局限性在于将记述、说明的对象的言语能力和语法作为自治性的知识对待。而文化模型理论要求教师要从宏观上，谈日本的经济、政治、地理和文化等相关知识，从而使学生对日本这个国家产生兴趣，之后再介绍日语的特点，这样才能激发学生的学习热情。在日语教学过程中，适当的穿插文化教学视频短片，能够帮助学生更加全面的掌握在特定环境下的非语言行为的具体含义，从而使沟通更加顺畅。

文化模型理论有助于让学生参与到教学活动中来。认知语言学研究语言现象的力量基础是原型理论，日常语言的各种表现并不是以同等资格分布的，而是以典型事例为中心向非典型事例作辐射状扩展，这种分布普遍存在于语言现象的各个层面。在文化模型理论的指导下使用情景教学模式的教学方法。该教学方法能够有效地活跃课堂气氛，有利于学生接受所学知识、强化理解与记忆，有利于培养学生掌握各种能力，特别是提高听力以及日语水平，从而提升学生的综合素质，更好地将知识有效转化为能力。

作为英语专业的一门必修课程，第二外语日语越来越受到关注。虽然在实际的教学过程中存在种种问题，也具有普遍性。但是通过将文化模型理论引入第二外语教学模式来指导二外教学，不仅有利于促进该领域教学改革和发展，也在一定程度上提高二外教师专业知识水平。这一理论模式需要教师不断地探索和创新教学方法，改变传统"单一"的教学法。第二外语教学的改革不仅局限在教学模式的研究，也应重视学生学习过程研究；不仅是培养第二外语的语言技能，还要从社会文化角度注重第二外语的语用。充分发挥第二外语课程的特色和多元化，最大限度地发挥其应用效率的优势。

第七节　基于语言文化心理视角研究数词"三"在日语新词中的运用

随着新事物、新现象的出现，新词也不断涌现出来。特别是近几年来与数词"三"有关的新词屡见不鲜。

一、与数词"三"有关的新词

「3同男」指女性对作为结婚对象的男性提出的三个条件，「仕事観が同じ」「金銭感覚が同じ」「育つた環境が同じ」即事业观、金钱观和成长环境相同。

「3R 節約術」是消费者在日常生活中采用的节约对策，分别是「リペア（修理）」「リユース（再利用）」「レンタル（出租）」，「3R」为「repair」「renewal」「rental」是取自这三个英文名的第一个字母。

「新 3K 職場」是相对于以前「3K 職場」的新说法。以前的「3K 職場」是指「きつい、汚い、危険」，即累人、肮脏、危险的工作，而「新 3K 職場」是指「きつい」、「厳しい」、「帰れない」，指工作辛苦、严峻、而且不能回家。

「介護職場 3K」是指从事护理行业的人们对工作的不满，「きつい」、「給与が安い」、「結婚できない」即累人、工资低、不能结婚。

「新 3K 農業」，指现如今的年轻人是以「・つこよく」「感動があり」「稼げる」为目标的新 3K 农业，即气派、有幸福的感受、还能赚到钱。以前的农业被称为「6K 農業」，即「きつい」「汚い」「・つこ悪い」「臭い」「稼げない」「結婚できない」，是指辛苦、肮脏、邋遢、臭味、不挣钱、不能结婚。

「就活三種の神器」是指求职中必不可少的三大件，即网络、报纸、手机。「三種の神器」原本指日本传世之宝，即宝镜、宝剑、宝玉，后来指家电的三大件，洗衣机、冰箱、空调[①]。

随着时代的变迁衍生出各方面的三大件。如「冬のオフィス三種の神器」是指冬天办公室的三大件，暖宝宝、加湿器和盖毯。「エコ三種の神器」是在推动社会向低碳经济转型过程中做出贡献的三种神器，节能环保汽车、节能家电和太阳能面板。从这三大件的变化也能反映出日本社会的日新月异和经济的快速发展。

「移住「御三家」」是指在城市人口老龄化严峻的当下，能够让老人们安度晚年，可以移居的地方。在日本最受老人们欢迎的三个地方，分别是天气暖和、能体验度假乐趣的冲绳、广阔无垠的北海道、和距离市中心很远的信州。

「改正まちづくり 3 法」分别是「都市計画法」、「中心市街地活性化法（中活法）」、「大規模小売店舗立地法（大店立地法）」，即城市规划法、搞活市区法、和布局大规模的小店铺，这三种有关城市规划的法律。

「3 ない消費」是「買わない」「持たない」「捨てない」，即不买、不要、不扔的"三不消费"。

「3 世代消費」是指祖孙三代一起享受生活的乐趣，如唱卡拉 OK、旅行等活动。

二、语言文化心理

（一）语言的经济性原则

近年来，新事物、新概念层出不穷，于是由较多词语构成的事物、概念的称谓以及词

---

① 雷颐 . 黄金十年 [J]. 读书 ,1997（9）.

语搭配连用的现象相应增多。考虑到语言的经济性原则，把一种较长的语言形式通过简缩形成一个新词，就能以最少的音节来表达更多的信息量，有高度的概括性，以及易于上口，所以往往使人们乐于接受。这就为这类词的迅速发展提供了有效动力。

（二）日本民族的缩小意识

日本民族自古以来就存在着缩小意识。像"一寸法师""桃太郎""一休""樱桃小丸子""柯南"等人物形象都是以"小"为特点，不仅呈现出聪明、可爱的气质，而且还都有勇气，充满了正义感，所以深得人们的喜爱。还有日本的索尼、东芝等大公司生产的数码相机、迷你唱机等生活电器，都以精巧、方便携带、性能好而闻名。另外，日本传统的庭院、日本料理、以及手工艺品等特点也是小巧、精致。正是这种缩小意识对语言的变化也产生了一定的影响。

（三）阴阳思想和老子的思想

在阴阳思想中奇数被视为"阳"，另外受老子的"一生二，二生三，三生万物"思想的影响，数字"三"在日本被认为是寓意好的数字，深受人们喜爱。不仅在语言上，生活中也被广泛使用。

由"三"构成的不仅有「三人寄れば文殊の知恵」、「石の上にも三年」、「三度もの正直」等谚语和格言，还有用"三"来概括的一些词语，如：「三種の神器」、「御三家」、「三大改革」、「日本三景」「日本三名園」「三大祭り」「三筆」「三大河」，以及佛教中的「三身」（法身、応身、報身）、「三界」（欲界、色界、無色界）等。在日本的节日中，像三月三日的女儿节，三岁、七岁女孩和三岁、五岁男孩过的"七五三"节等都与数字"三"有着密不可分的关联，另外过年的「御節料理」使用的套盒大部分都是采用三层。

在日本数字"三"被看成一个神圣而又吉祥的数字，所以在日语中被大量使用，目前已构成了一种由数词"三"构成的词群，随着时间的推移以及新事物、新现象的不断出现，将会诞生更多的由数词"三"构成的新词。